De Berlim a Jerusalém

Coleção Debates
Dirigida por J. Guinsburg

Equipe de Realização – Tradução: Neusa Messias de Soliz; Revisão: Shizuka Kuchiki; Produção: Ricardo W. Neves e Sylvia Chamis.

# gershom scholem
# DE BERLIM A JERUSALÉM

RECORDAÇÕES DA JUVENTUDE

EDITORA PERSPECTIVA

Título do original alemão
*Von Berlin nach Jerusalem*

Suhrkamp Verlag Frankfurt am Main 1977

Debates nº 242

Direitos em língua portuguesa reservados à
EDITORA PERSPECTIVA S.A.
Av. Brigadeiro Luís Antônio, 3025
01401 – São Paulo – SP – Brasil
Telefones: 885-8388/885-6878
1991

*Em memória de meu irmão Werner,
nascido em dezembro de 1895 em Berlim,
assassinado em junho de 1940 em Buchenwald.*

## SUMÁRIO

Pequeno Albúm de Família ................ 11
Origem e Infância (1897-1910) ............. 17
O· Ambiente Judaico ..................... 37
O Despertar da Consciência Judaica (1911-1914) . 51
Estudante em Berlim (1915-1916) ............ 75
A Pensão Struck (1917) ................... 99
Iena (1917-1918) ....................... 111
Berna (1918-1919) ...................... 123
Munique (1919-1922) .................... 133
Novamente Berlim e Frankfurt (1922-1923) ..... 157
Jerusalém (1923-1925) ................... 175

**PEQUENO ALBÚM DE FAMÍLIA**

Betty Scholem (1866 - 1946): mãe de G. Sch. Foto de uma pintura a óleo feita por volta de 1913 - 1914.

Arthur Scholem (1863 - 1925): Pai de G. Sch.

Os irmãos Scholem: da esquerda para a direita, Reinhold, então com 13 anos; Erich, 10 anos; Werner, 8 anos e Gershom, 6 anos. Foto de novembro de 1904.

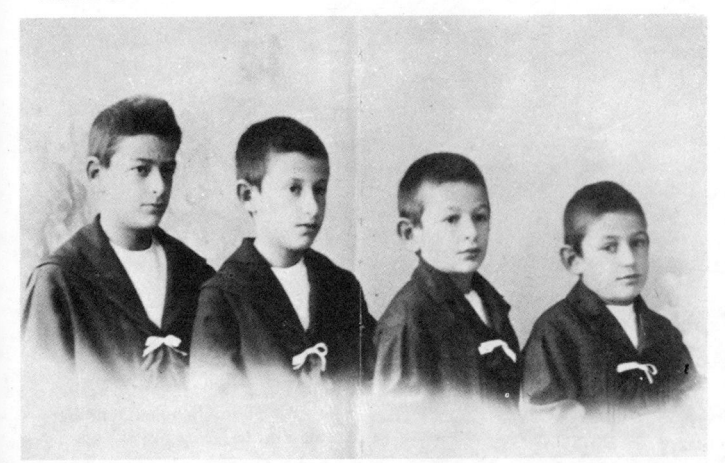

Gershom Scholem em Giessbach, Suíça, 1913.

Gershom Scholem em Berlim, 1917.

Gershom Scholem em Sils-Maria, 1976.

## ORIGEM E INFÂNCIA (1897-1910)

Ao registrar algumas lembranças da minha juventude até 1925, ano em que me tornei professor da Universidade Hebraica de Jerusalém, estou ciente de que vários outros berlinenses produziram textos semelhantes, embora não os tenha lido, a não ser em poucas exceções. A diferença, no meu caso, é que pretendo descrever o caminho de um jovem judeu, caminho que parte da Berlim da minha infância e juventude e leva a Jerusalém e Israel. Este percurso sempre me pareceu bastante direto e iluminado por claras indicações ao longo do caminho, embora fosse incompreensível aos demais e inclusive à minha família, se é que não lhe causou um grande aborrecimento.

Descendo de uma família judia berlinense que viveu em Glogau, na Baixa-Silésia, até a segunda década do século passado, parte da qual se transferiu para Berlim há mais ou menos cento e sessenta anos. O nome Scholem, bastante comum entre os judeus asquenazitas – é assim que eles pronunciam a palavra hebraica *schalom* (paz) –, é raríssimo como sobrenome. Durante toda a minha vida, só conheci outras três famílias com o mesmo sobrenome, que não tinham qualquer parentesco conosco; uma delas da Alta-Silésia, outra de St. Ingbert em Baden e a terceira de Neustadt, perto de Kaiserslautern, família com a qual trabalhou, por alguns anos como professor, o poeta Guillaume Apollinaire. Quando o édito prussiano de 1812 determinou, entre outras coisas, que as famílias judias transmitissem a seus descendentes o mesmo sobrenome, a fim de evitar a diversidade de nomes e assim permitir um registro organizado, teriam perguntado ao meu tataravô, no registro civil, qual era o seu sobrenome. Como ele não entendesse bem o que o funcionário queria, respondeu que era Scholem, o que foi anotado como sobrenome. Ao ser perguntado pelo nome, respondeu impaciente a mesma coisa, e a essa confusão devemos o sobrenome da família. Segundo pude averiguar, em outros documentos ele é mencionado como Scholem Elias, ou seja, Scholem, filho de Elias. Durante a minha infância, havia um retrato a óleo de sua esposa, Zipporah Scholem, pendurado no salão do nosso apartamento. Minha tataravó, cujo retrato fora pintado em 1821 ou 1831, era bastante parecida com os Scholem que eu conhecia. Hoje, o quadro se encontra em Sydney, na casa do meu irmão mais velho. Dizia-se que o quadro fora pintado em Glogau por um parente que participara da guerra contra Napoleão. E mostrava-a toda empertigada como uma verdadeira matriarca judia. No grande *hall* que servia sobretudo de sala de jantar, também chamado de "salão berlinense" nos apartamentos burgueses de então, estavam pendurados os retratos dos meus avós e bisavós. Ao lado destes havia uma fotografia de minha mãe no meio de um grupo de amigas, com uma inscrição que hoje soa um tanto estranha: Associação Israelita de Donzelas, Charlottenburg, 1888. Mas naquela época ninguém caçoava de uma legenda assim. A maioria dessas senhoritas veio a constituir posteriormente o círculo de amizades de minha mãe. Com o casamento da última donzela, no início dos anos 90, a associação naturalmente dissolveu-se por si.

Em 1897, quando vim ao mundo (na rua Friedrichsgracht, parte antiga de Berlim, ao leste e não muito longe do Spittelmarkt, onde agora há um parque com arbustos e bancos substituindo as casas bombardeadas) minha família já estava estabelecida há três gerações em Berlim, para onde se mudara meu bisavô, falecido em 1845, logo após a guerra contra o domínio francês.

Partindo do modo de vida tradicional dos judeus ortodoxos da Silésia e de Posen, que constituíam a grande maioria da comunidade judaica em Berlim, minha família percorrera todo o caminho até assimilar quase completamente os costumes do meio em que vivia. No século XVIII, Glogau era a maior cidade judia da Silésia, enquanto meus outros ancestrais, por parte de pai, eram oriundos de pequenas cidades como Beuthen às margens do Oder, Auras ou Köben. Isto porque os judeus não podiam morar em cidades maiores como Breslau, até o já citado édito de 1812, que concedeu aos judeus das províncias que já haviam pertencido à Prússia antes da partilha da Polônia certos direitos civis, principalmente a liberdade de fixar residência onde quisessem, tão importante do ponto de vista econômico. Anteriormente, tal proibição isentava apenas os detentores do chamado "privilégio geral do rei da Prússia", ou seja, algumas famílias ricas (e seus "serviçais" judeus, aliás bastante numerosos) que participaram ativamente, e com bastante êxito, da política econômica mercantilista de Frederico, o Grande, uma iniciativa bem vista e até incentivada pelas autoridades prussianas. A maioria, contudo, vivia no campo e em cidades pequenas, mas as gerações seguintes, em grande parte, dirigiram-se a Breslau e Berlim. Os antepassados de minha mãe, as famílias Hirsch e Pflaum, eram oriundos de um lugarejo chamado Reetz, no extremo nordeste de "Neumark", e das grandes comunidades judaicas de Rawitsch e Lissa, na província de Posen. Minha mãe, no entanto, nunca se referia a Posen como uma província, chamando-a simplesmente de "principado" por terem ficado gravados em sua memória os decretos a que estiveram submetidos os judeus do "Principado de Varsóvia", instituído por Napoleão, desde que morassem nas regiões que foram restituídas à Prússia pelo Congresso de Viena; tais decretos vigoraram até 1847-1848, portanto quando seus pais ainda eram jovens. A mesma origem tinham todas as famílias com que meus pais e demais parentes se relacionavam, e os casamentos também ocorriam nesse círculo. A avó de meu pai, Esther Holländer, ao casar-se transformou-se em Ernestine Scholem. Após a morte prematura de meu bisavô na Klosterstrasse, parte antiga de Berlim, perto do ginásio anexo ao convento, ela abriu um restaurante judeu *koscher*. Sempre que se punha a falar sobre tais assuntos, meu pai costumava contar que todos os sogros dos seus irmãos freqüentaram o restaurante da sua avó quando eram jovens e recém-chegados de Posen e da Silésia, e que dessa forma as famílias se conheceram, se aproximaram, daí surgindo principalmente uma grande amizade com os pais de minha mãe. Certa vez, quando eu era pequeno, meu pai nos levou à casa onde sua avó morou e cozinhou. Na nossa família já não sobrara mais nada dos preceitos culinários judaicos. No ambiente em que cresci, somente um tio do meu pai, aliás o marido de uma tia, vivia, na companhia de suas três filhas solteiras, e até a morte, na mais estrita observância das prescrições. Estive com ele em 1910, quando completou oitenta anos, perguntando-lhe sobre nossos antepassados.

A família de meu pai manteve primeiro uma gráfica e posteriormente duas em Berlim, durante três gerações, de 1861 a 1938. Até hoje conservo o volume que meu avô imprimiu na prova para tornar-se oficial de tipografia em 1858, após longo aprendizado como auxiliar em várias gráficas. Trata-se dos *Poetischen Schriften* (*Escritos Poéticos*) de um contemporâneo de Thomas Mann completamente desconhecido, chamado Friedrich Heimbertsohn Hinze, livro editado em 1859.

Meu tio também conservou um livro de orações judaicas impresso pelo meu avô. Nascido em Berlim, em 1833, e tendo recebido uma educação judaica rígida, tanto em casa como no orfanato da comunidade judia, meu avô era a própria personificação da transição à sociedade alemã. Levava o nome de seu falecido avô, conforme um costume muito difundido entre as famílias judias, e chamava-se portanto Scholem Scholem. O oficial do registro civil, porém, recusou-se a anotar nome e sobrenome iguais na certidão de nascimento, cujo original ainda está em meu poder, e depois de muito palavreado chegou-se finalmente a um acordo, isto é, a uma forma mais ou menos germanizada: Solm, nome que nem meu avô, nem ninguém utilizava. Em meados do século passado, ao tornar-se um fã entusiasta de Wagner, ele passou a chamar-se Siegfried Scholem, nome sob o qual consta a sua gráfica no registro comercial da cidade. Em sua lápide, que ainda existe no cemitério judaico de Berlim-Weissensee, consta como Scholem Scholem no texto em hebraico, mas na parte dianteira, em alemão, chama-se Siegfried. Na lápide de meu pai (1925) já não havia inscrições em hebraico.

Arthur Scholem, meu pai, também fez seu aprendizado numa das maiores gráficas de Berlim, cidade onde nasceu em 1863. Assim como meu avô, tornou-se oficial de tipografia e chegou a trabalhar um ano em Londres, no começo da década de 1880, época em que morou na casa de um tio. Uma parte da família havia emigrado para Londres em 1860, e até a minha infância mantínhamos contato com esses parentes. Em 1883, o jovem Scholem regressou com uma barba comprida e ondulada, que depois cedeu lugar a um bigode com as pontas enroladas para cima, à moda do Imperador Guilherme II. Até ser declarada a Primeira Guerra Mundial, ele costumava ir, todos os domingos, a um café junto à Ponte Gertraudten, onde passava umas duas horas lendo o *Manchester Guardian*, jornal que formou a sua opinião tanto quanto o *Berliner Tageblatt* (*Diário de Berlim*) que assinávamos. Ao regressar da Inglaterra, começou a trabalhar na empresa do pai, empenhando-se na sua ampliação. Meu pai e meu avô, que tinham o mesmo temperamento rabugento, embora fossem muito diferentes, não se davam muito bem. Em 1892, dois anos após seu casamento, meu pai abriu sua própria firma, pequena é certo e enfrentando muitas dificuldades. Com pouco mais de quarenta anos, foi acometido de uma doença cardíaca que o obrigou a fazer um longo tratamento todos os anos em Bad Nauheim. Durante a sua ausência, os negócios ficavam a cargo de minha mãe, que desde o início assumira a contabilidade da firma e dispunha também de uma procuração. Em consideração à doença de meu pai, fomos instruídos a evitar-lhe aborrecimentos. Desse modo, nunca chegou a ser íntima a sua relação com os filhos, e meu pai acabou dedicando a maior parte do seu lazer, por mais de vinte e cinco anos, a atividades ligadas às associações profissionais e ao plano de saúde dos gráficos. Quanto à aparência, era forte e baixo, míope e completamente calvo desde os quarenta anos, o que todos herdamos dele.

Como minha mãe também não era muito alta – tinha estatura média – dizia-se que eu puxara o lado Hirsch da família, com a minha altura de um metro e oitenta. Ela também nascera em Berlim, embora tivesse passado vários anos de sua infância em cidadezinhas como Seesen, perto de Harz, e em Leobschütz na Silésia, onde meu avô trabalhava educando órfãos em duas instituições judaicas. Posteriormente ele regressou a Berlim, retomando suas atividades de comerciante. Tinha um grande interesse por questões judaicas, havendo sido um dos fundadores de uma pequena sinagoga liberal na rua em que morava, a Schulstrasse em Charlottenburg. Como os meus dois avôs morreram quando eu era pequeno – tinha então três anos e depois seis – guardo apenas uma vaga lembrança de sua fisionomia, enquanto me lembro muito bem de minhas avós, aquelas velhinhas que então me pareciam de idade muito avançada e que eu devia visitar duas vezes por mês, até os meus onze ou doze anos. Minha avó Amalie Scholem morava bem perto de nossa casa e tinha a fama de possuir um caráter enérgico e decidido. Quando meu avô ainda era vivo – um homem bastante bonito mas de caráter mais fraco que o da mulher – era ela quem dava as cartas tanto em casa como nos negócios. Economizar era uma mania sua que manteve até o fim da vida. Antes de cada visita, insistiam em que nunca aceitássemos os doces ou frutas que ela nos viesse a oferecer, pois costumava guardar por tanto tempo essas coisas que seus quatro filhos lhe traziam ao visitá-la, que acabavam estragando. Como desde cedo eu era uma verdadeira "formiga" para os doces, até hoje ainda me lembro da decepção que sentia ao ver os bombons meio embolorados. Em compensação, na hora da despedida ela sempre me dava cinco *Pfennig*, às vezes dez, dinheiro que eu aplicava de imediato na confeitaria em frente à sua casa, comprando ora uma porção de sorvete, servida entre duas bolachas, ora uns biscoitinhos com chocolate e sementes de papoula. Minha mãe me disse várias vezes que sua sogra desejava muito ter uma neta para colocar-lhe o nome de sua falecida mãe, Philippine. O meu nascimento, como quarto neto, causou-lhe uma decepção tão grande a ponto de ela passar meses sem dirigir a palavra à nora. No seu quarto havia um maravilhoso relógio desses bem grandes, com pêndulos, que seu pai, David Schlesinger, montara em 1810 para receber o certificado de relojoeiro. Soava a cada quarto de hora e era conservado com muita devoção. Esse mesmo relógio esteve na casa de meu tio Theobald, e continua funcionando agora no apartamento de minha prima Dinah, em Tiw'on, perto de Haifa.

Meus avós tinham vários irmãos que, em sua maioria, também moravam em Berlim. Um tio de minha mãe chegou a ser fotógrafo na corte do Imperador Frederico III; seus filhos constituíam o ramo mais rico da família. Minha mãe mantinha contato com esses primos e primas, sendo amiga íntima de alguns deles, enquanto meu pai encarava com bastante reserva a ostentação que caracterizava seu modo de vida social e não a acompanhava de bom grado em suas visitas. Quanto à minha geração, havia ali uma prima de extraordinária beleza, Margot Pflaum, praticamente a única da família a merecer tal qualificativo.

De um modo geral, o nosso círculo de relações girava em torno da pequena e média burguesia judia, pessoas que haviam começado modestamente, em meados do século passado, até conseguir uma boa posição – não obstante poucos conseguissem ser realmente ricos – e que se relacionavam exclusivamente entre si, fora uma ou outra exceção. A mal-afamada frase de Treitschke sobre os "vendedores de calças", os esforçados jovens da província de Posen que então haviam "invadido" Berlim, se referia aos mesmos homens que, anos depois, conheci como prósperos fabricantes de banheiras ou fornecedores de tripas para as fábricas de salsichas. Algumas tias minhas vinham dessas famílias. Na geração de meus pais, poucos conseguiram dar o grande salto e passar a profissões acadêmicas. O irmão caçula de meu pai, por exemplo, fez o segundo grau e cursou medicina com muito sacrifício. Seu irmão mais velho, contudo, que nutria uma verdadeira paixão pela etnologia e o Oriente, foi obrigado a desistir de seus planos para assumir os negócios do avô, que aliás prosperaram bastante sob a sua gerência. Já os dois irmãos de minha mãe puderam estudar, mesmo com poucos recursos. Sua irmã tornou-se uma das primeiras médicas em Berlim, e o irmão era químico e advogado especializado em patentes. O único parente, por parte de pai, cujo nome ficara gravado na história do teatro em Berlim era Felix Holländer, conhecido por Max Reinhardts, como diretor teatral e escritor de romances publicados pela editora Fischer. Minha família, não sei por que razões, não mantinha contato com ele.

Em sua juventude, meu pai e dois irmãos seus participaram ativamente da Associação de Ginástica de Berlim, uma organização tipicamente pequeno-burguesa e de caráter bastante liberal até 1890, quando se tornou cada vez mais permeável a tendências anti-semitas. Em casa havia um livrinho que meu pai publicara em 1887, *Allerlei für Deutschlands Turner* (*Informações para Ginastas Alemães*). Éramos uma típica família pequeno-burguesa e liberal, em avançado processo de assimilação ao meio alemão. Em casa, restavam poucas reminiscências judaicas, assim como certas expressões que meu pai evitava e chegou a nos proibir o seu uso, mas que minha mãe gostava de empregar, principalmente quando queria dar ênfase ao que estava dizendo. Quando queria ressaltar, por exemplo, que algo não tinha a menor importância, repetia infalivelmente um dito que sua mãe trouxera de Rawitsch a Berlim e que significava algo assim como "titica de cabra". Um dos meus tios que o anti-semitismo da Associação de Ginástica transformara num sionista de primeira hora costumava empregar em tom de provocação essas expressões nas reuniões de família, o que desagradava a meu pai. Um episódio inesquecível me levou a incluir definitivamente no meu vocabulário o termo *nebbich*, empregado para ressaltar uma sensação de profunda tristeza ou pesar. Ao acompanhar minha mãe à casa de uma prima, a tia Grete Borchardt disse o seguinte a meu respeito: "Mas que pena (*nebbich*) o pequeno Gerhard ser assim tão comportado!" Uma frase como essa fica gravada na memória.

De todo o ritual judaico só mantínhamos a comemoração das noites de sexta-feira, verdadeiras festas familiares, e da véspera da festa de Pessach, quando todos os Scholem se reuniam na casa de minha avó, e depois alternadamente na de meus pais ou de um dos meus tios paternos. É certo que ainda cantávamos o *Kidusch*, a bênção hebraica do *Schabat*, do qual só entendíamos alguns trechos. Isso contudo não impedia que logo após alguém acendesse um cigarro ou um charuto nos castiçais do *Schabat*. Como a proibição de se fumar no *Schabat* era uma das prescrições judaicas mais conhecidas, tal gesto representava uma notória zombaria. Na semana da Páscoa, o pão e a *matzá* eram colocados lado a lado em duas cestinhas, sendo que nós, crianças, gostávamos de comer a *matzá* com mel. No feriado judaico mais importante, o dia da reconciliação, enquanto a maioria jejuava em casa, meu pai ia trabalhar e quanto ao jejum nem é bom falar. Minha mãe acompanhava minha avó, que acatava estritamente o jejum, à sinagoga e pelo menos as esposas de meus tios observavam o jejum e também iam à sinagoga. As más línguas costumavam dizer que antes da Primeira Guerra, o *maître* de um restaurante muito conhecido, situado perto da sinagoga, na esquina das Oranienburger Strasse e Artilleriestrasse, postava-se à porta do local, dirigindo-se aos senhores que por ali passavam em seus elegantes trajes de feriados, com as seguintes palavras: "Para os senhores que estão de jejum, a comida será servida na sala dos fundos". Por outro lado, uma ou duas vezes por ano, meu pai costumava fazer um discurso na hora do almoço, elogiando a missão do judaísmo que consistiria em termos legado ao mundo o monoteísmo puro e uma moral de natureza puramente racional. O batismo seria falta de caráter e servilismo. Em 1910, quando o jornal da comunidade judaica de Berlim, distribuído gratuitamente a todos os seus membros, começou a publicar na última página o nome dos que haviam renegado o judaísmo (pela lei, o tribunal da comarca devia comunicar o fato à comunidade, para que as pessoas em questão fossem liberadas de pagar o "imposto religioso"\*), essa coluna, mais que qualquer outra, passou a atrair a atenção geral, sendo objeto de uma leitura meticulosa. Eu ainda me lembro de vários casos, muito comentados, em que as pessoas afetadas, achando a situação muito desagradável, tentaram, em vão, recorrer à justiça para evitar a publicação.

Meus pais aprenderam o hebraico na infância, e minha mãe, que já havia esquecido o idioma, um dia me surpreen-

---

\* Na Alemanha, é o Estado que recolhe, sob a forma de "imposto religioso", as contribuições dos fiéis, depois repassadas às respectivas Igrejas. (N. da T.)

deu, quando chegou a minha vez de aprender e passei a freqüentar a sinagoga. Provavelmente porque devo ter feito algum comentário maldoso sobre os seus parcos conhecimentos de hebraico, ela recitou de cor, de improviso e sem nenhum erro, os seis versos do credo judaico *Schemá Israel* que faz parte do Deuteronômio, sem ter a menor idéia do seu conteúdo. De acordo com os costumes judaicos, quando ela tinha quatro ou cinco anos, seu pai lhe ensinara a rezar antes de se deitar, o que ficara gravado em sua memória desde então.

Em 1906, estando eu com nove anos, nós nos mudamos da Friedrichsgracht para um apartamento maior na Neue Grünstrasse, 26, de distância apenas uns dois ou três minutos do primeiro. Da minha janela eu avistava a entrada da casa em frente, rodeada de jardins e que pertencia à paróquia de São Pedro. Em 1946, quando quase todas as casas dessa rua haviam sido atingidas pelos bombardeios, encontrei a mesma entrada com a velha placa. Ao lado dessa casa, estava a Gráfica Otto von Holten, uma construção muito elegante, com o nome da empresa numa placa igualmente distinta. Foi a primeira vez que, sem saber, eu entrava em contato com o local onde foram impressas as obras de Stefan George e do círculo que editava as *Blätter für die Kunst* (*Folhas das Artes*). Em 1913 e 1914, ao ler os poemas de George — alguns deles me deixaram uma profunda impressão que perdura até hoje — passei a olhar para a casa em frente com um interesse todo especial. Ao passear, naquela época, pela Mohrenstrasse, encontrei na vitrine do famoso sebo de Gsellius a primeira edição do livro *Das Jahr der Seele* (*O Ano da Alma*). Não sei exatamente por que me senti atraído, talvez pelo título, o certo é que adquiri o exemplar que me levou às poesias de George. Depois comprei vários outros livros, entre estes *Stern des Bundes* (*A Estrela da União*), assim que chegou às livrarias, no início de 1914. A despeito de algumas poesias maravilhosas, este livro me deixou tão irritado, quando tornei a lê-lo oito anos depois, que resolvi bani-lo da minha biblioteca, dando-o a meu primo Heinz Pflaum que apreciava George e esse tipo de poesia. E no entanto gravei muitas coisas dos livros *O Ano da Alma*, *Teppich des Lebens* (*Alfombra da Vida*) e *Siebenten Ring* (*O Sétimo Anel*).

No novo apartamento, onde passei a maior parte da minha vida em Berlim, já não podia praticar com meus irmãos o nosso esporte preferido: cuspir caroços de cereja, que tinham que atravessar a avenida e cair no Rio Spree. Mas quanto ao resto, a mudança não implicou transformações dos nossos hábitos. Continuei freqüentando o colégio da Sebastianstrasse, onde deveria aprender latim durante nove anos à base de quatro aulas por semana. Não muito longe de casa ficava o Märkischer Park, com o museu do mesmo nome, recém-concluído, aonde eu ia jogar bolinha de gude com os garotos das redondezas. Em frente ao parque, na Inselstrasse, havia um depósito de madeira ou carvão, cuja cerca estava repleta de inscrições a giz, do tipo "Gustav é bobo" e coisas parecidas. Nesse bairro o dialeto berlinense conservara-se intacto e a proibição de usá-lo em casa, durante as refeições, só fez com que eu o apreciasse mais ainda. Não obstante todas as mudanças e peripécias de minha vida, sempre mantive o sotaque berlinense.

Cansado das brincadeiras, muitas vezes percorri o trecho do parque até a beira do rio, em frente à estação de trem Janowitzbrücke. Dali partiam os barcos a vapor com destino a Grünau. Mas não era isso o que me atraía nesse lugar; de lá eu podia ficar horas observando os trens de longa distância que passavam devagar mas sem entrar na estação, cujos letreiros muitas vezes eu conseguia decifrar, graças à minha boa visão, embora tudo isso estivesse do outro lado do rio. Ficava encantado com os nomes estranhos de cidades que depois, já em casa, tratava de localizar no grande *Atlas Andree*. Geralmente a cidade de destino era escrita com letras maiores que as demais, indicando as diversas paradas do trem, e foi assim que me familiarizei com nomes tais como Hoek van Holland, Eydtkuhnen e Oswiecim (este último às vezes aparecia num expresso) sem desconfiar que um dia, detrás desses nomes estrangeiros de cidades limítrofes entre a Alta-Silésia e a Galícia, se ocultaria nada mais nada menos do que Auschwitz. Não me cansava nunca de olhar para esses trens e esses nomes que me traziam um pouco da magia de terras distantes. Teria então uns dez ou onze anos.

Seguindo uma tradição das famílias judias, minha mãe me levou pela primeira vez ao Teatro Schiller para ver uma peça do célebre autor quando eu tinha onze ou doze anos. A peça que me coube assistir foi *Guilherme Tell*. Ainda me lembro perfeitamente do ciclo de Schiller no Teatro Alemão, quando Joseph Kainz declamou, ou melhor, "encenou" *Die Glocke* (*O Sino*), diante de numerosa platéia. Meus pais faziam questão que todos nós assistíssemos a essa célebre apresentação, na esperança de que ela deixasse em nós uma profunda impressão. Porém esse não foi o caso, pelo menos no que me diz respeito e de um modo geral sempre mantive uma atitude de reserva frente ao teatro. Li muitos dramas e tragédias, mas raramente senti a necessidade de vê-los encenados. Por insistência de minha mãe que adorava o teatro, acabei indo algumas vezes ao Teatro Schiller da Wallnertheaterstrasse, no lado leste da cidade. Em duas ou três oportunidades, fui também ao Teatro Thalia, situado perto de minha casa. Foi ali que, alguns anos antes da Primeira Guerra Mundial, presenciei a atuação de Fritzi Massary, que na época já gozava de uma certa fama, numa opereta, aliás a única a que assisti na Alemanha, antes de emigrar. Não que eu ignorasse as árias mais populares das operetas. Quisesse ou não, eu as ouvia no gramofone ou tocadas por uma orquestra, quando ia patinar no Jardim Botânico na Potsdamer Strasse ou no Palácio do Gelo, não muito longe da Bayrischen Platz. Minha memória desenvolveu uma incrível capacidade de apreensão de coisas supérfluas – o que infelizmente me acontece até hoje –, e assim sendo, ainda conserva algumas dessas melodias que às vezes eu me ponho a cantarolar, como também as canções que nos obrigavam a cantar durante as aulas de ginástica, ao marchar pelo ginásio de esportes. Infelizmente até hoje não consegui encontrar nenhum anjo que quisesse trocar comigo essas e outras recordações parecidas por coisas mais interessantes. Eu, que estudei muitas receitas mágicas na minha vida, não fui capaz de achar nenhuma que tivesse esse efeito.

Vivi dois anos e meio em Munique, a cidade do teatro, e por incrível que pareça, fui apenas duas vezes ao teatro. Em compensação, foi ali que conheci Erich Engel em 1920, então diretor de um pequeno teatro. Mas não nos conhecemos através do teatro, para o qual eu não tinha a menor inclinação, e sim através de Rosa Okun, uma judia russa de Hamburgo e amiga íntima de Elsa Burchhardt, que futuramente seria minha primeira esposa. Engel apaixonou-se perdidamente e à primeira vista por Rosa, uma moça de quem emanava um fascínio indescritível, permanecendo ao seu lado por mais de vinte anos, até a sua deportação para Auschwitz. Engel, que era baixo e gordo, com traços judeus bem marcantes, na verdade tinha apenas uma avó judia, de quem se sentia muito orgulhoso. Nutria um grande interesse por questões filosóficas e nos envolvemos em várias discussões e polêmicas amistosas naquela época e depois, quando, morando em Israel, vinha de visita a Berlim. Durante o nazismo, teve um comportamento irrepreensível em relação a Rosa (que ele sempre chamava de Sônia), mas não conseguiu salvá-la da deportação – ela que estava então bastante doente.

Um fenômeno muito especial nos círculos judeus de Berlim era o pequeno Teatro Herrnfeld, situado perto de minha casa, no qual os irmãos Herrnfeld, dois excelentes atores – aliás batizados –, encenaram, durante vários anos, comédias judias. O público, quase exclusivamente judeu, apreciava sobretudo a gíria e a entoação das peças, que devido à aceitação permaneciam muito tempo em cartaz. Certa vez, fui assistir a um desses sucessos da casa, o que deixou meu pai indignado. Ele chegou a afirmar que essas peças incentivavam o anti-semitismo – como se este tivesse esperado pelos irmãos Herrnfeld para se manifestar.

Nos anos que antecederam à guerra, sobretudo a partir de 1909, fui muito a um cinema que ficava na Kommandantenstrasse, no final da Neue Grünstrasse. Naquele época, as pessoas em geral se referiam ao cinema usando o termo *Flimmerkiste**, cinematógrafo. Não havia um programa fixo. As entradas tinham uma numeração especial, de acordo com o tempo que se queria passar lá dentro, sendo os espectadores chamados um a um. Podia-se comprar, por exemplo, um ingresso com a numeração 8-13. Os filmes intermináveis eram estrelados por Asta Nielsen e Max Linder, e parece-me vê-los à minha frente ainda hoje, em películas sobre crimes ou farsas grotescas, com a particularidade de que as imagens tremiam tanto na tela que a gente ficava com dor na vista. Tratava-se principalmente de provocar muitas risadas ou muito medo, e os movimentos dos atores eram extremamente engraçados, talvez devido a uma técnica primitiva de filmagem que hoje em dia não podemos sequer imaginar. Durante a guerra quase não fui ao cinema e só voltei a freqüentá-lo na companhia de minha prima Lony, em 1918 e 1919, quando vivi em Berna. Foi então que começaram a ter muito sucesso os breves *sketch* de Charlie Chaplin, apresentados antes do filme principal. Quanto aos grandes filmes que vi na minha juventude e me impressionaram, só me lembro da película de guerra *Os Quatro Cavaleiros do Apocalipse*, um filme antinazista, e da obra-prima do Expressionismo, *O Gabinete do Dr. Caligari*. Embora o expressionismo literário não me agradasse muito – eu

---

\* Termo jocoso que literalmente significa "caixa tremeluzente". (N. da T.)

preferia a lírica à prosa – tinha uma grande admiração por esse filme que revi várias vezes.

Enquanto o distanciamento foi uma constante nas minhas relações com meu pai, que só aumentou com o tempo, minha mãe, Betty, teve uma importância bem maior na minha adolescência. É certo que ela saía às nove da manhã para ir à gráfica, quando havia muito eu já estava na escola, e voltava para almoçar e descansar; à tarde, ela trabalhava umas duas horas por dia, três ou quatro vezes por semana, de modo que não a víamos muito e não obstante sentíamos a sua forte presença. Entre 1913 e 1917, eu era o único filho em casa. Depois do almoço (a cargo da cozinheira, a quem minha mãe, todas as manhãs, dava as instruções para o *menu* que consistia em três pratos) eu a acompanhava ao quarto, onde ela se deitava numa *chaise longue* muito bonita, eu a cobria com um grande cobertor de lã de camelo, para depois pegar um ou dois pedaços de chocolate suíço, guardado numa gaveta da cômoda, e iniciar uma conversa que durava dez ou quinze minutos, durante a qual eu soltava todas as minhas críticas.

Minha mãe – que não queria ser chamada de "mamãe" e sim simplesmente de "mãe" – sempre foi bastante magra, além de possuir uma certa elegância na maneira de ser. Poderia ter sido uma excelente jornalista, e bem posso imaginá-la brilhando em alguma redação da editora Ullstein, pois reagia com grande agilidade e precisão ao se expressar. No entanto, como naquela época as mulheres ainda não tinham acesso a profissões desse tipo, foi mais uma vocação que não se consubstanciou. Escrevia cartas extraordinárias e às vezes estórias que enchiam páginas e páginas, numa caligrafia tipicamente feminina e juvenil. Guardei muitas das cartas que posteriormente ela me escreveu quando eu morava em Jerusalém. Além disso, como poetisa da casa, era ela quem escrevia as poesias e pequenas peças familiares que meus irmãos e eu tínhamos que representar, entre 1903 e 1908, em casamentos e outras ocasiões solenes. O que mais me desagradava nisso tudo era ter que representar o papel feminino, por ser o mais novo, para o que me vestiam com as roupas finas de minha prima Margot, mais ou menos da minha idade. Eu detestava essas apresentações! Minha mãe lia bastante, sobretudo romances e poesias, e seu repertório abarcava desde Schiller, passando por Richard Dehmel, até Émile Verhaeren, autor bastante lido então, cuja obra, ou pelo menos parte dela, fora muito bem traduzida ao alemão por Stefan Zweig. Quanto a George e Rilke, para o seu gosto eram uma leitura demasiado elevada. Seu talento literário foi de muita utilidade para mim. Ao cursar o segundo grau, ela passou a se interessar pelas redações que eu devia fazer em casa, e quando gostava de algum tema, dizia: "Esse pode deixar que escrevo". E fazia realmente muito bem. Na primavera de 1914, quando eu já estava completamente envolvido com as questões judaicas e dedicava todo o tempo disponível a aprender hebraico, tinha que fazer uma redação para a escola. Seu tema, "O Reno, testemunha da vida na Alemanha", não me agradava nem um pouco, mas minha mãe, pelo contrário, estava encantada com ele. "Pode deixar por minha conta", foi o que ela disse. "Mas a senhora não pode deixar de citar a perseguição aos judeus durante a primeira cruzada, quando as comunidades judaicas de Mainz, Worms e Speyer foram dizimadas!", pedi, aflito. Quanto a isso não houve nenhuma objeção e ela redigiu um monólogo do "pai Reno" de um lirismo incrível, descrevendo tudo o que havia acontecido às suas margens, terminando com uma estrofe patética (de Verhaeren), em louvor do trabalho: "Trabalho, verdadeira oração / Ele que tudo sabe, há de saber / Procurai Deus na criação". Tirei nota dez, com os cumprimentos do professor pela "forma tão poética" e guardei o caderno de lembrança. O professor de alemão me perguntou: "Onde é que o senhor foi arranjar uns versos tão bonitos?"

Minha mãe tinha um temperamento agradável, alegre, e além do mais era muito flexível, o que lhe permitia adaptar-se a qualquer meio, grupo ou situação sem enfrentar inibições ou dificuldades. No início, isso provocou um certo conflito entre nós, pois muitas vezes eu a acompanhava em suas visitas e acabava por constatar que ela não tinha o menor escrúpulo em dizer uma coisa aqui, outra ali, caindo em contradição consigo mesma, mas sempre manifestando uma opinião que agradasse aos anfitriões. Às minhas objeções – o que aliás eu não deixava faltar, por já se manifestar o meu caráter – ela respondia com uma frase que ainda ouço claramente: "Meu filho, não me censure". Foi somente mais tarde – quando meu irmão Werner e eu entramos em conflito e ela sofreu bem mais do que nós dois com isso – que entendi o seu maior desejo: ter um ambiente de paz ao seu redor. E fez muitos sacrifícios em prol dessa tranqüilidade. Eu disse acima que ela era alegre e tinha um bom temperamento, mas nunca consegui descobrir se era realmente feliz. Gostava muito de viajar e à medida que a situação financeira da família ia melhorando cada vez mais, minha mãe fazia umas duas ou três viagens por ano. Geralmente viajava sozinha ou com uma amiga, nas férias escolares com os filhos e a partir de 1904 sobretudo com meu irmão Werner e comigo. Assim, de 1909 a 1914 estive quatro vezes na Suíça com ela, visitando Lugano, o Lago de Brienz, o Vale de Maderan, nas montanhas, onde nos surpreendeu o irrompimento da Primeira Guerra Mundial. Meu pai só se juntava a nós em alguns fins de semana, desde que não estivéssemos muito longe de Berlim, ou então na última semana das férias de verão. Portanto é compreensível que toda a família gostasse muito de minha mãe e não apenas por seu temperamento alegre, a maneira divertida de se expressar e seus comentários certeiros. Era bem mais velha que meus tios e tias, mas nunca exigiu nenhuma prerrogativa, de modo que o respeito diante de uma pessoa de mais idade facilmente se transformava numa relação de confiança. As discussões em torno do socialismo, sionismo e da Primeira Guerra Mundial, que logo teriam tanta importância no nosso relacionamento, nunca a levaram a assumir uma posição quanto ao assunto em si, quanto mais a envolver-se de corpo e alma. Respeitava todos os pontos de vista, porém não se definia nem deixava que os demais exigissem dela uma definição. Meu radicalismo não me permitia entender essa atitude, mas devo reconhecer que na verdade ela fez muita coisa por mim em situações bastante difíceis, arriscando até a entrar seriamente em conflito com meu pai.

## O AMBIENTE JUDAICO

A figura mais interessante da família era, sem dúvida, o tio Theobald, um irmão de meu pai, dez anos mais novo que ele, e como já mencionei, o único sionista na família, até o seu casamento. No nosso ambiente, que de um modo geral era anti-sionista, ele representava a oposição, e muito antes de eu chegar a um pensamento próprio, independente, houve acirradas discussões com ele. Na gráfica de meu pai eram impressos livros judaicos, principalmente de beletrística (especialmente os da editora S. Cronbach), mas também foi impressa por vários anos uma revista judaica, cujo editor tinha uma outra profissão muito estranha. M. A. Klausner era um homem culto, um profundo conhecedor de hebraico e da cultura judaica em geral, que emigrara da Rússia para a Alemanha, onde se tornara bastante conhecido como escritor e editor judeu. Mas além dessa atividade, e não sei dizer qual das duas era a sua ocupação principal, ele foi agente secreto do Ministério do Exterior durante vários anos, encarregado de missões especiais no Leste da Europa, o que minha mãe um dia me contou, pedindo-me que guardasse segredo. O *Israelitische Wochenschrift* (*Semanário Israelita*) foi publicado até a eclosão da guerra, trazendo aliás a grande vantagem de que alguns anúncios – os que se repetiam a cada semana – não eram pagos em dinheiro e sim *in naturalibus*. Assim recebemos em pagamento os volumes da *Grande Enciclopédia Meyer* por exemplo, ou então "salsichas do anúncio", como costumava dizer minha mãe, e outras coisas do gênero. Como minha tia era amiga íntima das filhas do Sr. Klausner, logo passamos a imprimir a revista e outras publicações por ele editadas. Evidentemente o *Semanário* era um ferrenho adversário do sionismo.

Na gráfica de meu tio a situação era bem diferente. Ele e outro irmão haviam assumido a firma do avô, sendo a organização sionista o seu principal cliente, a partir de 1905. Portanto ele imprimia os dois órgãos oficiais do movimento, publicados em alemão. O primeiro era o *Jüdische Rundschau* (*Jornal Judaico*), o porta-voz da União Sionista Alemã que posteriormente desempenhou um importante papel na história dos judeus alemães sob a chefia de Robert Weltsch, um dos mais notáveis jornalistas da época. Alguns anos depois, surgiu *Die Welt* (*O Mundo*), o órgão central da Organização Sionista, fundado por Theodor Herzl, publicado até o início da Primeira Guerra Mundial. Quando comecei a me interessar por esses assuntos, passava umas duas vezes por mês na Hauptstrasse, em Schöneberg, para buscar uma pilha de jornais acumulados.

Meu tio era um intelectual que fora desviado do seu caminho. Todo o seu interesse estava voltado para o estudo da história e da etnologia. Livros sobre o Extremo Oriente, Japão, China, Tibete e Índia, bem como sobre o budismo e o islamismo enchiam as estantes de carvalho, no seu apartamento em Friedenau. Foi dele que recebi o *Catecismo Budista* de Subhadra Bhikschu (um tal de Sr. Zimmermann), o primeiro livro que li sobre uma religião oriental.

Quando ele estava cursando o colegial (aliás ele e seus irmãos freqüentaram a mesma escola onde meus irmãos e eu estudamos) uma crise financeira da família o obrigou a sair da escola e fazer um curso de comércio, profissão da qual acabou gostando. Os irmãos Scholem tiveram aula de religião durante vários anos, na pequena sinagoga da Prinzenstrasse. Meu tio, o único que gostava das aulas, pelo menos conseguia ler textos em hebraico com bastante fluência – desde que a sua escritura fosse vocalizada – embora não entendesse muita coisa do que lia, como era o caso dos cantos tradicionais da noite de Seder, a festa da Páscoa. Era muito parecido com o pai, mas havia herdado a energia, a esperteza e o senso de economia da mãe. Embora defendesse suas opiniões de forma resoluta, sua maior preocupação sempre foi a de manter a harmonia familiar, o que não era nada fácil no nosso caso e também levando-se em conta a grande diferença de idade entre ele e meu pai. O sionismo era uma espécie de libertação para ele, que se manifestava de um modo um tanto paradoxal. Fora um dos fundadores da Associação Bar-Kochba e se apresentara perante Theodor Herzl em 1903, durante o congresso sionista em Basiléia. Na sala de visitas de sua casa havia uma fotografia da equipe de atletismo ao redor de Herzl.

Meu tio era uma pessoa bastante estranha. Segundo pude perceber, a confrontação com seus irmãos não se traduzia tanto no terreno das discussões ideológicas que teriam ocorrido antes da minha mocidade, e sim pelo seu espírito galhofeiro e o fato de usar e abusar de expressões e solecismos judaicos nas reuniões de sexta-feira à noite. As reações dos presentes eram as mais desencontradas, o que parecia animá-lo a novas produções de retórica judaica. A pequena burguesia judia da geração de meus pais costumava usar essas expressões na vida familiar com a maior naturalidade, porém ninguém se atreveria a empregá-las numa reunião social. Isso não impedia que meu tio disparasse uma atrás da outra no círculo que se formava às sextas-feiras. No seu apartamento, colocara em local de destaque a lata de coleta do Fundo Nacional Judaico em prol da aquisição de terras na Palestina. Quando fazia alguma aposta com seus irmãos e ganhava, geralmente depositava uma moeda de um marco na lata.

Este meu tio, que em si não tinha nenhuma tendência para o esporte, gostava de freqüentar a Associação de Atletismo que visava pôr em prática a terrível fórmula de Max Nordau do "judaísmo musculoso", da regeneração física dos judeus, o que nunca consegui entender. Desde o princípio tal fórmula me pareceu ridícula, e apesar de sua insistência em que eu me inscrevesse, desde que passei a demonstrar simpatia pelo sionismo, não fui capaz de satisfazer a minha sede de saber e conhecimentos sobre o judaísmo dedicando-me a ginástica e exercícios como preconizava F. Jahn, o "pai" do atletismo na Alemanha. Por isso, à medida que fui crescendo, passei a questioná-lo. Sentia muita simpatia por ele, tratava de aceitar o seu caráter tão contraditório, mas fui ficando cada vez mais nervoso e irritado com a sua concepção de sionismo, que a meu ver se situava num plano irreal. Mas nunca hei de esquecer que ele se colocou do meu lado quando tive sérios conflitos com meu pai devido à minha posição quanto à guerra. Naquela época, era natural que ele me apoiasse. Eu me sentia muito ligado à sua esposa, a tia Hedwig, meu principal esteio na família, que se alegrava com a minha inclinação para a filosofia do sionismo, ainda um tanto confusa, é certo. Ela tinha menos de trinta anos e entre nós estabeleceu-se uma verdadeira relação de confiança. Durante a guerra, e mesmo depois, fui várias vezes almoçar em sua casa em Friedenau; quando meu tio ia descansar após o almoço, nós ficávamos conversando e eu sempre lhe contava as minhas descobertas relacionadas com o judaísmo e tudo o que me preocupava. Logo após a guerra, ela contratou uma jovem para ajudá-la com as duas filhas, minhas primas, bem mais novas que eu, Eva e Dinah. Esther Dondikoff falava fluentemente hebraico, era de uma das primeiras aldeias judaicas em Israel e viera a Berlim para fazer um curso de educação pré-escolar. Ensinava hebraico para minha tia e cantava para as meninas as canções em hebraico que trouxera de sua terra. Posteriormente, casou-se com um dos homens mais respeitados da Palestina judaica, um enérgico e incansável defensor do entendimento entre árabes e judeus.

Quando disse a minha tia que eu havia decidido ir à Palestina ela ficou muito entusiasmada e me contou que também gostaria de ir para lá. Tal propósito, contudo, esbarrou nos cálculos de meu tio que era bastante cauteloso, tratando-se de negócios, e não acreditava na rentabilidade de uma transferência de sua gráfica, que entrementes havia crescido bastante. Esses eram os planos que às vezes tecíamos, no início dos anos 20, antes que eu fosse realmente à Palestina.

Neste ponto, gostaria de dizer algumas palavras sobre o fenômeno da assimilação, que desempenhou um papel muito importante na vida dos judeus alemães, na época da minha juventude. Vários fatores estavam em jogo. No início do século, qualquer jovem judeu, desde que não viesse da minoria que se atinha estritamente às leis, via-se confrontado com um processo de crescente dissolução espiritual do judaísmo. Em parte isso vinha de fora, da atmosfera, do ambiente ao redor; havia um fator consciente, no qual se entrelaçavam dialeticamente o desejo de se anular e ao mesmo tempo de manter a dignidade e a confiança em si próprio; e havia também uma ruptura consciente com a tradição judaica, que persistia atomizada em elementos dos mais diversos e às vezes estranhos, aliada a um lento ingresso, nem sempre consciente, num mundo que deveria assumir o seu lugar. Havia várias concepções de como seria esse mundo e nisto elas eram idênticas às que reinavam nos meios não-judaicos. A esperança de uma emancipação social que deveria seguir a emancipação política, concluída entre 1867 e 1870, e em parte a esperança de diluir-se no seio do povo alemão – esperança compartilhada e até incentivada pelos não-judeus que lutaram por essa emancipação – estavam em aberta contradição com a experiência generalizada de um anti-semitismo em expansão, uma experiência à qual só era possível escapar num plano meramente imaginário. Foram vários fatores que hoje não podemos menosprezar, pois eram compreensíveis sob as condições reinantes na época e significativos pelo efeito que desencadeavam. O mais cruel de todos só era percebido por quem conseguisse impor uma certa distância quanto ao fenômeno, fosse através de um choque ou de um processo mais gradual (e não foram tão poucos assim que o conseguiram). Eu me refiro à ilusão, cuja descoberta foi uma vivência decisiva na minha mocidade. A falta de espírito crítico da maioria dos judeus em tudo o que dissesse respeito a si mesmos, quando geralmente eram conhecidos e com razão admirados ou censurados pela capacidade de reflexão crítica, pela sua visão no tocante a outros fenômenos – essa tendência a iludir-se é um dos aspectos mais importantes e tristes das relações entre alemães e judeus. As piadas judaicas tinham a peculiaridade de situar a ilusão na realidade histórica, quando não a desmistificavam, o que talvez tornasse o fato mais suportável. Uma infinidade de chistes pertence a essa categoria. Só que, hoje em dia, é difícil ler com serenidade os mais notáveis documentos desse tipo de auto-engano que pode ser encontrado nas obras de figuras de destaque como Hermann Cohen, Fritz Mauthner e, de forma mais perversa ainda, na de Constantin Brunner, neto de um grande rabino de Hamburgo. Esta literatura tem algo de fantasmagórico e o pior é que isso já podia ser percebido na época em que esses autores faziam grande sucesso, e não somente agora que tudo passou. Essa ilusão também atuou como uma espécie de censura, não sei se consciente ou não, em publicações científicas sobre a história dos judeus na Alemanha. Ainda hoje me lembro da indignação que senti ao ler muitos artigos da revista *Zeitschrift für die Geschichte der Juden in Deutschland* (*História dos Judeus na Alemanha*), onde esta autocensura era praticada metodicamente. Na época, ela era editada por Ludwig Geiger, professor de literatura alemã na Universidade de Berlim e filho de um dos mais importantes intelectuais judeus do século passado na Alemanha. Mas uma coisa é certa: os setores majoritários, a que me refiro, bem como seus representantes espirituais e políticos *queriam acreditar* na assimilação, na fusão com um ambiente que em geral ou lhe era indiferente, ou não os encarava com simpatia. Também é verdade que até um certo ponto (a determinação deste ponto é bastante controversa, hoje em dia) o ambiente alemão aprovou e incentivou tal processo, ao mesmo tempo em que alguns setores seus, bastante fortes, sentiram-no como um transtorno e motivo de inquietação. Nesse sentido, é bem característica uma manifestação do sociólogo e economista Werner Sombart, homem de muita fama na época e que ora defendia posições liberais, ora antiliberais. Publicada em 1912 e citada inúmeras vezes a partir de então, essa frase provocou uma verdadeira comoção entre os judeus. Dizia que a equiparação e a emancipação dos judeus perante a lei não deviam ser revogadas formalmente, só que os judeus, de livre e espontânea vontade, não deveriam fazer uso desses direitos, sobretudo na vida pública. Anterior à Primeira Guerra Mundial, esse presságio de tempestade era muito mais forte do que todos os outros, vindos dos alemães em geral ou de anti-semitas em particular.

Reinava uma grande miscelânea na forma de vida dos judeus "assimilados" e foi nesse meio que transcorreu a minha juventude. Foi de uma maneira muito especial que consegui o retrato de Theodor Herzl, o fundador do Movimento Sionista, que esteve pendurado por vários anos no meu quarto, tanto em Berlim como em Munique. Desde os tempos dos meus avós, quando teve início essa miscelânea, festejava-se o Natal na minha família com gansos ou coelhos assados, árvore de Natal enfeitada, que minha mãe comprava no mercado natalino perto da Igreja de São Pedro, e os inúmeros presentes para os empregados, parentes e amigos. Dizia-se que essa era uma festa popular alemã, da qual participávamos como alemães e não como judeus. Uma tia que sabia tocar piano entoava *Noite Feliz* especialmente para a cozinheira e a arrumadeira. É claro que eu aceitava tudo isso na infância, mas em 1911, quando havia começado a aprender hebraico, participei pela última vez de uma festa de Natal. Entre os presentes, debaixo da árvore, lá estava o retrato de Herzl, com uma moldura preta. Comentário de minha mãe: "Como você tem tanto interesse pelo sionismo, nós escolhemos essa fotografia de presente". A partir de então, eu passei o Natal fora de casa.

É claro que na casa de meu tio não se festejava o Natal e sim a *Hanucá*, a festa judaica das luzes, na qual a Igreja Católica baseou o Natal. As origens desta festa estavam ligadas à vitória dos macabeus na rebelião contra as tentativas de helenização do rei da Síria (portanto contra a "assimilação"!) e ao afastamento das imagens de deuses helênicos do Templo de Jerusalém. Foi o Movimento Sionista que reviveu e valorizou a *Hanucá*. Para a alegria dos jovens solteiros que não queriam festejar o Natal junto aos pais, realizava-se um baile na véspera do Natal, denominado "Baile dos Macabeus", uma curiosa invenção que certamente não teria agradado aos macabeus, como muitas outras coisas praticadas depois em seu nome. Durante a guerra, quando fui à casa de meu tio no dia da festa, perguntei às minhas primas onde é que elas tinham arranjado tantos presentes bonitos, ao que elas me responderam que o "Papai Hanucá" trouxera os presentes. Meu tio sempre vinha nos visitar nesse dia, embora não acendêssemos as velas nem cantássemos a canção hebraica apropriada, por mais popular que fosse, trazendo a meus pais e a cada um de nós um presente que revelava toda a sua ironia: um pacotinho de pão-de-mel e, em vez do tão apreciado bolo de Natal, o pão de *Schabat*, em forma de trança e salpicado com sementes de papoula.

No nosso círculo não se dava importância ao batismo. Na história das famílias Scholem e Hirsch houve apenas dois batizados que pude confirmar através das certidões, no período entre 1831 e 1933. Em ambos os casos tratava-se de mulheres jovens, de vinte a trinta anos, as duas batizadas com o mesmo nome: Therese Scholem. Uma delas sobreviveu à Segunda Guerra Mundial em Dachau por ser casada com um soldado católico, e depois em Munique onde foi obrigada a trabalhar numa fábrica de munições, na sua qualidade de "não-ariana". Após a guerra e assim que voltou a estabelecer-se um rabino em Munique, ela retornou ao judaísmo. Não obstante, os casamentos mistos foram se tornando problemáticos a partir de 1900. No final do século passado, uma prima de minha mãe casou-se com um cristão, embora permanecesse fiel ao judaísmo. Alguns anos depois ela abandonou o marido, de forma que as suas duas filhas, Irma e Lony (de quem eu vim a ser muito amigo), que teriam sido batizadas, cresceram num círculo exclusivamente judaico, mas passaram toda a sua vida sem saber qual era o seu lugar no mundo.

Uns vinte anos depois, houve um segundo casamento com um não-judeu e a sua estória deu muito o que pensar. Em 1911, a irmã de minha mãe, que como eu já disse foi uma das primeiras médicas em Berlim, casou-se aos trinta e oito anos com um colega dez anos mais novo que ela. Seus pais já haviam falecido, mas os pais de seu marido foram terminantemente contrários ao casamento. Para a nossa família ele nunca passou de um estranho. Quando estávamos juntos eram todos extremamente corteses, infinitamente amáveis, porém não havia afeição e eles acabaram se afastando. O casal vivia isolado como numa torre de marfim em Friedenau, muito perto da casa de meu tio sionista, sem que houvesse contato algum entre eles. A casinha que alugaram estava cheia de obras de arte do Extremo Oriente, eram Budas e estatuetas por todo lado. Tudo ali era cultura e mais cultura, assinava-se das revistas mais refinadas até o *Neue Rundschau* (*Novo Diário*) e os *Sozialistischen Mo-*

*natsheften* (*Cadernos Socialistas*). Seu convívio reduzia-se a um pequeno círculo de amigos, constituído apenas por judeus que não faziam questão alguma de serem judeus. Minha mãe e seu irmão, Hans Hirsch, iam sempre visitá-los, raramente acompanhados por um de nós, crianças, e ao regressar a casa ela costumava soltar um longo suspiro, sem dar maiores explicações. A hora da verdade chegou em 1933. Após mais de vinte anos de matrimônio, esse tio descobriu de repente que era "ariano" e pediu a separação à tia Käthe, para poder casar-se com uma alemã. E assim minha tia foi parar no campo de concentração de Theresienstadt, onde morreu. O problema assumiu um outro aspecto quando meu irmão Werner, que depois seria eleito deputado para o Reichstag pelo Partido Comunista, resolveu casar-se, terminada a Primeira Guerra Mundial, com sua amiga Emmy Wiechelt que era membro da Juventude Operária Socialista de Hanôver. Para minha mãe isso não tinha a menor importância, e enquanto o casal viveu em Berlim, numa casa de fundos em Hansa, um bairro predominantemente judeu, ela sempre foi visitá-los. Já meu pai, que pela sua ideologia deveria concordar com casamentos "mistos", após um breve encontro formal nunca mais quis saber de ver o filho e a nora. Eu me dava bastante bem com a minha cunhada que também era uma comunista muito ativa e de longa data. Quem diria o meu assombro, quando ela me perguntou, muitos anos depois, na década de 60: "Por que Werner não me converteu ao judaísmo?" Eu objetei: "Mas vocês dois eram comunistas, ele deixou o judaísmo e você largou a Igreja!" "Mesmo assim" – respondeu-me Emmy, com uma ingenuidade que nunca consegui compreender mas que a protegeu ao longo da vida, "isso é que seria o certo." Um ano antes de sua morte, ela converteu-se ao judaísmo para, ao menos, ser enterrada entre os judeus.

No início do século, quando o gramofone tornou-se popular na Alemanha, meu pai tratou de conseguir contratos para fabricar etiquetas para discos, no que obteve bastante sucesso. Adquiriu várias máquinas de estampar que eram necessárias para o seu propósito e passou a fornecer mais da metade das etiquetas para os discos produzidos na Alemanha, como nos contou várias vezes em casa, todo orgulhoso. Essa idéia sua muito contribuiu para aumentar a nossa prosperidade. Durante a guerra, com a burocracia alastrando-se por toda parte, ele teve outra idéia igualmente brilhante. Não lhe havia passado despercebida a crescente necessidade de formulários de requerimento e assim ele fundou a "Editora dos Formulários", da qual era o único proprietário e que se encarregava de imprimi-los. Os textos e os contratos de impressão eram conseguidos junto às autoridades competentes. Como a guerra acarretasse uma diminuição de sua clientela e do serviço, graças a essa iniciativa ele conseguiu sobreviver durante esses anos. Meus dois irmãos mais velhos, Reinhold e Erich, passaram alguns anos se preparando para assumir os negócios, mas como foram convocados para o exército, meu pai ficou sem a ajuda de ambos, com a qual contava a partir de 1914, vendo-se obrigado a arcar sozinho com tudo, o que representava um esforço duplo, tendo em conta a arteriosclerose que a cada dia lhe afetava mais o coração. Estes dois irmãos foram enviados a Paris e Londres, onde passaram vários anos se aperfeiçoando em gráficas que mantinham relações comerciais conosco, de forma que tive pouco contato com ambos na fase mais decisiva para o meu desenvolvimento, entre 1909 e 1920. Com Reinhold praticamente não tive contato algum. Portanto era natural que eu me aproximasse do meu irmão Werner, dois anos mais velho e com um temperamento vivaz que o levou muito cedo a rebelar-se contra a família. Isto fez com que meus pais o enviassem, por volta de 1908, a estudar uns anos no Colégio Samson em Wolfenbütel, um internato judeu anexo a um colégio, instituição fundada há mais de um século, nos tempos do Reino da Vestfália. Muitos comerciantes judeus da parte ocidental da Alemanha, assim como negociantes de gado e proprietários de açougues enviavam seus filhos para essa escola, onde meu irmão travou conhecimento com formas de hipocrisia religiosa e falso patriotismo que lhe provocaram uma profunda aversão. Basicamente era um colégio alemão e nacionalista, conservando, porém, alguns dos principais elementos do ritual judaico: a oração diária e a comida segundo os preceitos. Nas férias, eu tinha que ouvir os desabafos e alguns discursos cínicos de Werner, que naquela época já exercitava sua retórica às minhas custas. Finalmente ele conseguiu voltar a estudar em Berlim, embora dois anos mais tarde já estivesse brigando de novo com meus pais. Enquanto eu não parava de crescer, meu irmão era baixo e assim ficou, desenvolvendo desde cedo traços intelectuais bem definidos, que refletiam claramente o seu caráter. Tínhamos algo em comum na adolescência: cada qual por si, estávamos diante de crises e conflitos que iriam direcionar nossas vidas, e se bem que essas direções fossem opostas, tal fato sempre nos uniu.

Nos anos que antecederam a guerra, Berlim ainda era uma cidade relativamente tranqüila. Quando eu cursava a escola primária, costumávamos visitar meus avós maternos utilizando o bonde puxado por cavalos. Ele saía de Kupfergraben, atravessava o Zoológico, que então ainda era um verdadeiro parque, imenso, e ia até Charlottenburg. Só a metade das ruas estava asfaltada e em muitos bairros, sobretudo nas zonas leste e norte, os ônibus a tração animal sacudiam-se pelas ruas de paralelepípedos. Os primeiros ônibus a motor causaram uma grande sensação; subir na plataforma superior de um deles era um divertimento muito procurado. Tomei conhecimento de tudo isso quando surgiram os patins, por volta de 1909, e com eles passei a fazer um reconhecimento da cidade, nos meses de verão. Naquela época, nenhum policial impediria um garoto de doze ou treze anos de sair ziguezagueando pelas ruas mais movimentadas, que aliás eram bem poucas, desviando-se de carroças, automóveis, bondes e ônibus. Só em alguns pontos da cidade se delineavam as primeiras e tímidas tentativas de disciplinar o trânsito nos cruzamentos mais difíceis, como por exemplo a esquina da Friedrichstrasse com a Leipziger Strasse e a Unter den Linden. Foi assim que cruzei Berlim de norte a sul e de leste a oeste, desde que as ruas fossem asfaltadas, no final das tardes. Essa também foi a fase em que tive a infeliz idéia, da qual muito me arrependi depois, de vender todos os meus livros infantis a um antiquário da Wallstrasse, só porque tinha decidido montar uma biblioteca "de verdade". Eu me interessava muito por livros de história, antes que se manifestasse uma inclinação para a matemática, que eu devo à influência de Franz Goldscheider, irmão de um médico muito famoso, e que foi meu professor dessa matéria por vários anos. Foi o único professor da escola que teve importância para mim.

Em casa tínhamos os dezenove volumes da *Enciclopédia Schlosser da História Mundial*, uma das principais obras da historiografia liberal e relativamente popular na Alemanha, que devorei um por um. O mesmo não posso dizer da coleção de clássicos da literatura, editada pelo Instituto Meyer de Bibliografia, que ocupava as prateleiras logo acima da enciclopédia. Muitos desses livros não podiam mesmo agradar a um adolescente. Em compensação, comecei a comprar os volumes da Biblioteca Reclam, que custavam vinte *Pfennig* cada um e da Coleção Göschen, que oferecia manuais das mais diversas disciplinas ao preço de oitenta *Pfennig* por exemplar. Inicialmente adquiri livros sobre temas históricos e obras dos antigos historiadores traduzidas ao alemão e depois, quando ainda cursava a escola, passei aos livros sobre as diferentes disciplinas da matemática. Li muitos livros de história antes de ter em minhas mãos, pela primeira vez, um romance.

Como de manhã e de tarde meus pais estavam ocupados na gráfica, onde minha mãe fazia a contabilidade, deixavam muita margem de liberdade aos filhos, principalmente a mim que era o mais novo. Em 1910 minha liberdade sofreu uma pequena restrição durante um ano, quando minha mãe, a quem minhas aulas de francês, recém-iniciadas na escola, não eram suficientes, contratou Mademoiselle Girardot, uma solteirona de Genebra, para me ensinar piano e conversação em francês, duas vezes por semana. Nas aulas de piano fui um fracasso total, assim como acabei sendo dispensado das aulas de música na escola, porque de tão desafinada minha voz destoava ao cantarmos os belos corais protestantes. Em compensação, deixaram alguns vestígios as conversações em francês que acompanhavam os passeios, desta vez realmente a pé, ao longo do Spree, na Ilha dos Museus ou no Zoológico. Depois de aproximadamente um ano, consegui que fosse dispensada. Ela me deixou de lembrança uma fotografia com a sua cara de espantalho e a dedicatória: *Vous m'aimerez quand je n'y serai plus et vous m'écrirez cela*. Mas esse não foi o caso. Ela foi a única "governanta" que tive. Como a escola nunca exigiu esforço algum de minha parte, eu dispunha de muito tempo. Não me lembro de nenhuma tentativa que meus pais tivessem feito, em todos esses anos, no sentido de direcionar o meu desenvolvimento. Como sempre trazia boas notas para casa, eu não constituía um problema para eles, podendo, portanto, ficar entregue a mim mesmo. Minha única obrigação era acompanhar minha mãe em suas compras, sobretudo nas lojas da Leipziger Strasse, e nas visitas. Em minha memória ficou gravada a sua imagem, toda arrumada para sair, com um grande chapéu de penas e uma pele em volta do pescoço.

## O DESPERTAR DA CONSCIÊNCIA JUDAICA
## (1911-1914)

Foi o interesse pela história que me deu o primeiro empurrão para o estudo do judaísmo. As aulas de religião na escola, nas quais nem sequer aprendíamos a ler hebraico, não despertaram o meu interesse, além do que o ensino do judaísmo só era matéria obrigatória para os alunos até os catorze anos. Meus pais não matricularam nenhum de nós nos cursos de religião mantidos pela comunidade judaica, onde provavelmente eu tivesse aprendido algo mais. Não me causaram nenhuma impressão marcante os trechos lidos durante as aulas de religião, extraídos da *Bíblia Israelita do Lar*, nem as explicações muito rápidas do professor sobre as respectivas festividades judaicas que se avizinhavam, que em casa, como já mencionei, passavam praticamente em branco. Mais tarde, fiquei sabendo que este professor aborrecido, o Dr. Moses Barol, na verdade era um homem muito culto, vindo de Odessa e que trabalhava como bibliotecário do Instituto de Ensino das Ciências Judaicas, o seminário liberal para os rabinos. Mas ele decididamente não gostava da pedagogia. Um dia, no verão de 1911, nos mostrou os três grossos volumes da edição popular de *Geschichte der Juden* (*A História dos Judeus*), de Heinrich Gräetz, equivalentes a onze tomos de uma outra edição, indubitavelmente uma das obras mais significativas da historiografia judaica. Quando perguntei ao Dr. Barol onde é que a gente podia ler esses livros, ele me indicou a respeitável Biblioteca da Comunidade Judaica na Oranienburger Strasse, onde jovens como eu podiam se inscrever, bastando para tal trazer um bilhete do pai ou da mãe (que minha mãe me deu sem maiores delongas), responsabilizando-se pelos empréstimos do seu rebento. Por vários anos, fui um dos leitores mais assíduos dessa biblioteca.

E foi assim que acabei lendo essa vasta obra, que não só é riquíssima em matéria de informação, parte da qual bastante dramática, como também foi escrita de forma clara, fluente e emocionante. Devorei os tomos com grande interesse e pedi de presente a meus pais e meu tio Theobald, por ocasião da festa de *Bar-Mitzvá*, esses livros e os quatro volumes da *História de Roma*. No século XIX, a maioridade religiosa, que se inicia segundo as prescrições judaicas ao completar-se o décimo terceiro ano de vida, havia sido desvirtuada pelos judeus que não seguiam a religião estritamente, descambando numa imitação da confirmação protestante, se é que se cumpria algum rito. Parece-me que isso acontecia na maioria das famílias. Um provérbio muito citado pelos judeus diz que cada judeu tem o seu próprio *Schulkhan Aruch* – a codificação das leis religiosas judaicas do século XVI que determinam a prática da religião. Meu pai, que tampouco respeitava os preceitos, havia decidido que aos treze anos nós não tínhamos suficiente maturidade, resolvendo transferir os festejos para o sábado antes de completarmos catorze anos. Uma forma curiosa de exercer a teologia por conta própria! Para a cerimônia, ia-se à sinagoga – meu pai usava nessas ocasiões uma cartola, como era de costume – onde o jovem era chamado para a leitura da Torá pela primeira vez (para muitos essa era a primeira e última vez), tendo que rezar duas breves orações hebraicas antes e depois, e ouvia as advertências do rabino, conclamando à fidelidade ao judaísmo e seus ideais, tudo isso diante de toda a comunidade reunida. Em geral, recebia-se de presente dos parentes a base para uma futura biblioteca, principalmente sob a forma de clássicos da literatura – que muitas vezes iam parar rapidamente em algum sebo. A título de preparação para a cerimônia, costumava-se contratar, como também se fez quando foi a vez dos meus irmãos, um candidato a rabino para ensinar alguns preceitos e ritos judaicos, bem como para incutir o texto das orações em hebraico. Meus irmãos, que não sabiam ler hebraico, anotavam as palavras em caracteres latinos, guiando-se pela pronúncia.

Comigo foi diferente. A profunda impressão deixada pela obra de Gräetz despertou em mim o desejo de aprender hebraico. Assim, após as férias de verão, fui procurar o nosso professor de religião, acompanhado por um colega da minha classe, de quem era bastante amigo, Edgar Blum (ele morreu lutando na Primeira Guerra Mundial, no dia em que completou vinte anos), e perguntei se ele podia nos ensinar a leitura do hebraico e os princípios do idioma. O Dr. Barol alegrou-se com o pedido e passou a nos ensinar, duas vezes por semana, após as aulas. Como nós realmente *queríamos* aprender, avançamos muito rápido, de modo que ele comunicou aos meus pais que eu não precisaria de um professor particular que me preparasse para a *Bar-Mitzvá*, já que estava decidido a aprender hebraico. Meu pai recebeu a notícia com a mesma indiferença com que receberia se eu tivesse lhe dito que queria aprender grego e tinha arranjado umas aulas particulares gratuitas. Porém, não demorou muito até ele perceber no que é que isso ia dar.

Como as aulas do Dr. Barol duraram apenas alguns meses, tratei de continuar aprendendo sozinho, porque não sabia a quem me dirigir e também porque fiquei sabendo através de meu amigo Edgar Blum, que passara a freqüentar um curso de religião indicado por sua mãe, que lá não se aprendia muita coisa e o melhor seria aproveitar o tempo para estudar de forma mais intensa. De modo que comprei umas gramáticas hebraicas, uns livros de exercícios e estudei sozinho por mais de um ano. Meu pai só balançava a cabeça, sem compreender o meu interesse.

Por essa época, comecei a freqüentar regularmente as sinagogas berlinenses, sobretudo os cultos de sexta-feira à noite. Nas sinagogas chamadas de liberais, onde havia acompanhamento musical de órgão, o culto ainda era celebrado quase que exclusivamente em hebraico. A diferença entre o rito liberal e o ortodoxo, além da música de órgão e do corte de partes supérfluas, residia principalmente na supressão de todos os trechos em que se mencionava o regresso de Israel à Terra Santa, que eram substituídos por asseverações de caráter humano genérico. Como logo consegui entender os textos das orações e a liturgia acompanhada ao som de um órgão me agradasse, freqüentar a sinagoga era um prazer. Era como se ali eu pudesse testar o progresso dos meus conhecimentos de hebraico, depois de começar a estudar não só algumas partes da Bíblia hebraica como também os textos das antigas orações proferidas nas sinagogas. Mais ainda que a sinagoga liberal situada na Lindenstrasse, perto do nosso apartamento, me atraía o rito rigorosamente ortodoxo da Velha Sinagoga na Heidereuthergasse, uma viela nas redondezas do Mercado Novo, em cujos arredores se estabeleceu a maioria dos judeus que puderam regressar à região em 1671, e onde vivem até hoje muitos judeus. Aqui não havia nem órgão nem coro de vozes femininas e o ritual antigo me impressionou muito. Boa parte desse encantamento se devia ao maravilhoso canto em hebraico do cantor principal, Aron Friedmann, o "Real Diretor de Música", que chegava ao coração. Como a maioria dos freqüentadores desta sinagoga entendesse o texto das orações, participando com entusiasmo do culto, reinava ali uma harmonia, muito rara de se encontrar, entre o cantor e os fiéis. Das demais sinagogas, algumas também contavam com grandes cantores (daí saíram excelentes cantores de ópera ou que se apresentavam em concertos, como era o caso, na minha época, de Hermann Jadlowker e Joseph Schmidt), mas eles se apresentavam como se estivessem em pleno palco cantando árias e não executando um culto religioso.

Perto desta sinagoga, na Neue Friedrichstrasse, estavam situados os dois antiquários judaicos onde tive minhas primeiras experiências com a literatura judaica, comprando, de acordo com as minhas economias, livros e publicações sobre judaísmo e sua história, e depois textos em hebraico. Foi assim que surgiu a paixão pelo judaísmo passado e presente. Portanto, não é de se admirar que a partir de 1911 eu começasse a ler literatura sionista, os escritos de Moses Hess, Leon Pinsker, Theodor Herzl, Max Nordau e Nathan Birnbaum (de quem provém a palavra sionismo) e confrontasse meus pais com tais idéias.

Meu pai, que pertencia ao Círculo de Cidadãos Alemães de Crença Judaica, então a mais influente organização judaica na Alemanha e terminantemente anti-sionista, era totalmente contrário e houve violentas discussões entre nós à hora das refeições.

Entre os livros de meu pai havia alguns em hebraico, colocados algures nas segundas fileiras das estantes, além de outros herdados dos bisavós, especialmente de David Schlesinger, um homem muito religioso e versado em questões hebraicas. À parte disso, só me lembro de duas obras literárias judaicas bastante populares então, *König der Schnorrer* (*O Rei dos Mendigos*), de Israel Zangwill, e a coleção *Jüdische Witze* (*Piadas Judaicas*), de Hermann Noël. Achei esta obra excepcional e ainda hoje ela merece atenção por ser uma das melhores coleções em língua alemã, muitíssimo superior a certas produções atuais e abomináveis do gênero, cuja leitura só provoca espanto e raiva em quem conheça as questões judaicas.

Ao regressar a Berlim em 1912, meu irmão Werner também passou por uma breve fase em que se sentiu atraído pelo aspecto político do sionismo, sem que, contudo, se envolvesse a fundo. Foi justamente por intermédio de Werner (que não muito tempo depois, em fins de 1912, aderiu à Juventude Operária Social Democrata), que travei conhecimento com um círculo de jovens com os mesmos interesses e que haviam decidido engrossar as fileiras do Movimento Sionista quando ainda cursavam o último ano da escola. Meu irmão escreveu-lhes uma longa carta, dizendo que tinha encontrado um outro grupo com perspectivas mais amplas e portanto não podia continuar participando das suas reuniões.

Entre nós dois houve algumas brigas em que chegamos às vias de fato, porque Werner queria me obrigar a ouvir os discursos socialistas que elaborava, dirigidos a um público imaginário e que pretendia pronunciar sentado numa cadeira e tendo-me a mim por único ouvinte, coisa a que eu me opunha terminantemente. Elogiava a obra de Bebel e Kautsky, insistindo em que eu lesse *Lessinglegende* (*A Lenda de Lessing*) de Franz Mehring e várias outras publicações, entre estas a antologia de poesia proletária de Haenisch e o livrinho de Adolf Hoffmann, que gozava de uma incrível popularidade naqueles tempos, *Die Zehn Gebote und die besitzenden Klassen* (*Os Dez Mandamentos e as Classes Dominantes*), exemplares que conservei por mais de trinta anos, até decidir que podia passar sem eles. O materialismo histórico, cujo método revolucionário entusiasmava meu irmão a ponto de ele querer me enfiar na cabeça à força, estava muito distante dos interesses e tendências de cunho histórico e filosófico que marcaram o meu desenvolvimento pessoal. Suas atividades em Berlim acabaram logo, aos dezoito anos de idade. Em 1913, um tipógrafo da nossa gráfica colocou sobre a escrivaninha de meu pai, antes dele chegar ao escritório, um recorte do jornal *Vorwärts* (*Avante*), relatando sobre a atuação do meu irmão na organização juvenil dos social-democratas. Esse gesto irônico, vindo de um de seus próprios funcionários, provavelmente com a intenção de debochar do patrão, do capitalista, causou-lhe muita amargura. Após muitas dificuldades, chegou-se a um acordo. Meu irmão, que havia iniciado o segundo grau, iria estudar em Hanôver no Instituto Gildemeister, um colégio onde os alunos não muito aplicados se preparavam para a prova de conclusão do segundo grau. Ficou acertado que ele seria aluno externo. Lá Werner estudou durante um ano, sendo colega de Ernst Jünger. Muito tempo depois, Jünger me contou que conversara várias vezes com meu irmão e sua personalidade o impressionara a ponto de recordar-se perfeitamente dele, uns sessenta anos mais tarde.

Talvez possa-se dizer que o fato de meus irmãos e eu termos seguido caminhos tão diversos nos anos subseqüentes era típico do universo da pequena burguesia judaica, além de demonstrar que um ambiente supostamente comum não é tão significativo para o desenvolvimento individual de um jovem. Reinhold, meu irmão mais velho, que na época deste conflito estava cumprindo um ano de serviço militar num batalhão de telegrafia, acabou defendendo posições de direita e foi mais adiante do que meu pai, no que se refere à tendência à assimilação. Posteriormente, tornou-se membro do Partido Popular Alemão, e se os nacional-socialistas tivessem admitido judeus, teria se filiado ao seu partido. Em 1938 ele imigrou para a Austrália, e quando tornamos a vê-lo em Zurique, pouco antes de ele completar oitenta anos, minha esposa, que desconhecia a idiossincrasia dos judeus alemães, perguntou-lhe afinal o que ele era ou se considerava. Talvez exagerando um pouco, ele disse: "Eu sou um nacionalista alemão." "O quê?", replicou ela. "Nacionalista, depois de Hitler?" Ao que ele retrucou que suas idéias não tinham nada a ver com Hitler. Esse diálogo deixou-a boquiaberta. E isso porque antes eu havia insistido em que ela não começasse nenhuma conversa de teor político com ele, pois não daria em nada e porque é preciso que cada qual respeite os limites do outro. O segundo de meus irmãos completava o quadro. Durante uns tempos, foi membro do Clube Democrático e seguiu as pegadas de meus pais, sobretudo de minha mãe, ou seja, o que ele queria era tranqüilidade e comprometer-se o mínimo possível. E não havia mais que seis anos de diferença entre nós.

Entre 1912 e 1917, e mesmo depois, ao retornar a Berlim eu participava ativamente do grupo de jovens judeus a que já me referi. A maioria foi para Israel no início da década de 20, depois de fazer na Alemanha um estágio em agricultura, que geralmente era realizado em Markenhof, perto de Freiburg, numa fazenda cujo proprietário era judeu e simpatizava com a mudança de profissão propagada pelos sionistas. Posteriormente, eles constituíram o núcleo de fundadores do Kibutz de Bet-Sera no Vale do Jordão – um *kibutz* que floresceu após anos de árduo trabalho. Por muito tempo mantive contato com os membros desse *kibutz*, e com alguns a amizade se estende até hoje.

Em parte o grupo era formado por jovens do mesmo círculo "assimilado" a que eu pertencia, mas também contava com filhos de famílias que acatavam parcial ou estritamente as leis religiosas, e ainda um certo número de filhos de judeus orientais, que já haviam crescido na Alemanha. Vários elementos do grupo cursavam as últimas séries do Colégio Sophie, que assinalavam um alto índice de alunos judeus. Os jovens de origem oriental despertavam um vivo interesse em mim, e não só em mim. Quanto mais nossas famílias rejeitassem a maneira de ser dos judeus orientais – o que não era nada raro e às vezes assumia formas flagrantes – mais nos sentíamos atraídos pelo seu caráter. Não seria nenhum exagero afirmar que entre os sionistas havia uma espécie de culto de tudo o que era judeu oriental, especialmente na época da Primeira Guerra Mundial e logo após. Todos nós havíamos lido os dois primeiros livros de Martin Buber sobre o hassidismo, *Die Erzählungen des Rabbi Nachman* (*As Histórias do Rabi Nachman*) e *Die Legende des Baal Schem* (*A Lenda de Baalschem*), que tinham sido editados havia pouco e tornado Buber muito famoso. Em qualquer judeu da Rússia, Polônia ou Galícia que encontrássemos, víamos uma espécie de encarnação de Baal Schem Tov e do caráter natural dos judeus – sem dissimulação – que nos fascinava. Estes contatos e amizades com judeus orientais desempenharam um papel muito importante na minha vida.

Uma parte do grupo Jovem Judá se reunia num café perto da Estação Ferroviária Tiergarten, onde os estudantes das últimas séries das escolas de Berlim Ocidental faziam seus discursos e organizavam palestras, entre estas aquela discussão com o círculo que se formara em torno de *Der Anfang* (*O Princípio*) de Gustav Wyneken, no outono de 1913, em que vi e ouvi pela primeira vez Walter Benjamin como orador principal. Em 1912, os jovens que moravam no centro e na zona leste da cidade constituíram outro núcleo que, de quinze em quinze dias, realizava palestras num salão na parte posterior do Hotel do Ganso Dourado. Este hotel, situado no centro de Berlim e nas proximidades da Velha Sinagoga, era um dos dois hotéis rigorosamente *koscher* e fora escolhido como local de reunião em consideração ao grande número de jovens oriundos de famílias bem tradicionais nessas regiões. Em sua maioria, os oradores eram estudantes que nos encaravam como adeptos naturais e em potencial das suas idéias, fossem estas inteira ou parcialmente sionistas. Falava-se de livros de interesse para os círculos judaicos e muito comentados, como era o caso de *Weg ins Freie* (*Caminho para a Liberdade*) de Arthur

Schnitzler, o primeiro romance de um grande escritor que descrevia a crise dos judeus de língua alemã na sua forma vienense de manifestação, com uma precisão admirável e sem nenhum preconceito, colocando o tema em discussão. Havia também recitais, como por exemplo, dos poemas de Else Lasker-Schüler, particularmente das suas *Hebräischen Balladen* (*Baladas Hebraicas*), recém-publicadas (1913) e que contêm alguns dos seus mais belos textos, realmente inesquecíveis (existe uma maravilhosa tradução para o hebraico do seu breve poema, melancólico e às vezes orgulhoso, *Mein Volk* [*Meu Povo*]). Ou então liam-se os contos dos grandes autores judeus orientais no idioma original, em ídiche ou traduzidos ao alemão. A leitura em ídiche, feita por estudantes vindos da Lituânia e da Rússia Branca, era fabulosa e deixava uma profunda impressão. Certos acontecimentos na vida dos judeus motivavam discussões e análises de suas implicações, como o processo contra Mendel Beilis, um pequeno empregado de uma olaria, processo encenado por ordem do czar em Kiev e que provocou uma grande comoção por ser ele acusado de ter cometido um assassinato num rito religioso. Foi quando participei, pela primeira e única vez na Alemanha, de uma enorme manifestação popular, durante a qual protestaram contra o infame processo alguns dos maiores oradores da época, judeus e não-judeus. Para mim, isso implicou uma decisão, um passo que dei praticamente sozinho, pois nenhum dos meus companheiros de então ou que conheci depois me acompanhou: comecei a ler obras antigas e novas da literatura anti-semita, inicialmente em relação ao processo, para então passar a publicações antijudaicas em geral e revistas como *Der Hammer* (*O Martelo*), editado por Theodor Fritzsch, nas quais se propagava, com toda a clareza e sem deixar margem a mal-entendidos, o que os nazistas colocaram em prática, vinte anos depois, com a ascensão de Hitler ao poder. Assim que mergulhei no estudo desse tipo de publicações, logo percebi a inutilidade das discussões apologéticas, desde que não se referissem a fenômenos tão delimitados como essa acusação de assassinato como ritual judaico. Acabei por desenvolver, desde muito cedo, uma tendência a rejeitar atividades apologéticas de parte dos judeus. Eu compreendia a posição dos sionistas a esse respeito e sem dúvida ela influenciou de forma indireta o meu trabalho posterior, voltado à pesquisa e a uma análise objetiva de certos aspectos, o que era considerado uma rebeldia pela historiografia judaica, sob o prisma da apologia dos interesses do povo judeu. Só que isso eu ainda ignorava, naquela época.

Não eram tanto esses assuntos que consumiam minhas horas de lazer e sim o estudo do hebraico e das fontes bíblicas e posteriores, estudo que iniciei em 1916 e se prolongou até a minha emigração. Tive muita sorte nesse sentido, pois junto com três ou quatro jovens do grupo Jovem Judá, encontrei um professor ideal, a quem pelo menos devo muitíssimo, na pessoa do rabi de uma pequena sinagoga ortodoxa e particular da Dresdenerstrasse, freqüentada pelo pai de um desses meus colegas. O Dr. Isaak Bleichrode (1867-1954) era bisneto do Rabi Akiba Eger, provavelmente o maior erudito em Talmud da Alemanha, no início do século XIX, cuja biografia o pai de Bleichrode escrevera em hebraico. O nosso professor era um homem tranqüilo, muito piedoso, de um caráter extremamente sereno e amistoso. A única coisa estranha para os demais era que nunca se casara, o que não é bem-visto num rabi. Teve um grande amor na juventude, e ao não poder casar-se com essa moça, que vinha de uma família rica, decidiu ficar solteiro pelo resto de sua vida. Não era, de forma alguma, o que se pudesse chamar de um grande estudioso, mas em suas limitações foi a primeira pessoa que conheci que me pareceu a própria personificação de um "sábio das Escrituras", e eu diria que foi através dele que tive uma noção do que é isso. Foi um professor maravilhoso, conseguia explicar-nos o Talmud, página por página, e se dirigia a nós, que vínhamos de famílias não religiosas, de coração aberto e sem nenhuma reserva. Jamais tentou influenciar nossa maneira de viver, confiando na "luz da Torá" que acendeu em nós. Não deixava de ser curioso que fôssemos seus melhores alunos; talvez justamente o fato de estarmos distantes do judaísmo tenha "aceso" a luz do seu talento pedagógico. Bleichrode faleceu em Jerusalém, em idade avançada, e eu proferi uma oração na sua sepultura.

Pode parecer inacreditável eu dizer que, antes da Primeira Guerra, a maior e mais rica comunidade judaica de Berlim se recusava terminantemente a autorizar a formação de uma classe ou curso em que se ensinasse o Talmud e assuntos afins, em qualquer das escolas de religião por ela mantidas. Quando mais uma solicitação nesse sentido foi indeferida, alguns professores da linha tradicional decidiram abrir um curso desses na escola de religião situada na Annenstrasse, sem contar com recursos de nenhuma parte. Se me perguntarem se alguma vez houve um acontecimento marcante no que se refere ao judaísmo e à minha vivência da religião, a resposta só poderá ser esta: foi a grande emoção que senti na primavera de 1913, ao aprender a ler com Bleichrode, num domingo de abril, a primeira página do Talmud no original e logo em seguida, no mesmo dia, a explicação de Raschi, o maior de todos os comentaristas judeus, sobre as primeiras estrofes do Gênese. Foi o meu primeiro contato direto e tradicional não apenas com a Bíblia mas com a essência judaica da tradição. Sem dúvida esse acontecimento despertou a minha admiração e a minha inclinação para o judaísmo, muito mais do que qualquer outra vivência posterior nesse terreno. Tínhamos aula todos os domingos pela manhã, umas cinco ou seis horas e logo Bleichrode me convidou para participar de uma *Schiur*, uma aula que ele dava duas vezes por semana no seu apartamento, à que compareciam alguns membros da sua comunidade e na qual "aprendíamos" – que era como se dizia – todo um tratado do Talmud. O Talmud não se estuda, se "aprende". E assim aprendi com Bleichrode durante quatro anos e logo tive outras oportunidades de participar de cursos em que se lia um determinado trecho do Talmud com o comentário de Raschi e às vezes acompanhado das discussões correspondentes ao tema, entre os rabis franceses dos séculos XII e XIII.

Houve uma fase em que paralelamente à escola eu dedicava umas quinze horas por semana a aprender hebraico. E não saberia dizer se a facilidade que eu encontrava era devida ao meu entusiasmo, ou se foi o conteúdo daquelas horas inesquecíveis que despertou em mim o entusiasmo. Nem seria preciso dizer que nunca tive que pagar um centavo que fosse pelas aulas, pelas primeiras e as que vieram depois. Nenhum dos meus piedosos professores teria recebido qualquer pagamento por ensinar um jovem a "aprender".

É certo que o contato que tive com o judaísmo durante a juventude, do qual posso dizer que deu asas tanto ao meu espírito quanto à minha fantasia, estava bastante distante do quadro formado após cinqüenta ou sessenta anos de estudo dos vários aspectos do fenômeno. O que então me fascinava, a força de uma tradição milenar, era forte o suficiente para determinar a minha vida e levar-me do aprendizado a aprofundar-me na questão em termos de pesquisa e reflexão. Acontece que esse aprofundamento foi se transformando aos poucos e de forma quase imperceptível na imagem viva dessa tradição, de modo que é muito difícil para mim reconstruir as primeiras noções intuitivas que dela tinha. Na juventude, enchi vários cadernos com aquilo que eu julgava haver apreendido, mas a matéria se transformava em pleno processo de apreensão. Com o passar dos anos, a compreensão tão almejada escapava cada vez mais aos conceitos, por desvendar toda uma vida secreta impossível de ser captada por conceitos e que só poderia ser representada simbolicamente, o que acabei por reconhecer. Mas aqui não se trata de discorrer sobre esse aspecto ulterior do meu trabalho, que constitui o tema dos meus escritos.

Voltando ao meu interesse pelo Talmud e a literatura a ele relacionada, havia três coisas que me impressionaram muito. Em primeiro lugar, algo que às vezes deixava o leitor boquiaberto: a probidade no registro de tradições que uma redação posterior poderia incorrer na tentação de censurar. A absoluta naturalidade com que se tratavam todos os aspectos da vida me deixou fascinado. E além disso o laconismo, que aprendera a admirar nas aulas de latim, e que tornei a encontrar, bem mais pronunciado, nos textos em hebraico e aramaico da *Mischná*, do Talmud babilônico e das *Midraschim*. O laconismo desses rabis e a sua pontaria certeira na escolha da expressão me agradaram mais que a dos escritores de língua latina. A tudo isto veio somar-se esse diálogo entre as gerações, cujo protocolo constitui o Talmud, mantido ininterruptamente através de tantos séculos. Aqui reinava realmente aquela "vida dialogada" que Buber, em sua fase tardia, colocou como o cerne de sua filosofia, o que é bastante paradoxal pelo fato de ele não tomar conhecimento deste testemunho tão verdadeiro que a tradição judaica lhe oferecia, ante o qual, incompreensivelmente, fechou os olhos. Afinal de contas, ao projetar todas as opiniões dos sábios e seus discípulos, o contínuo "ensinamento" do Talmud não era propriamente um veículo da história por estar baseado em preceitos notoriamente religiosos e metafísicos (que depois seriam objeto das minhas reflexões), mas possuía uma dignidade e também – o que logo intuí – uma problemática que lhe eram inerentes. É natural que eu não pudesse expressar tudo isso com clareza no meu processo juvenil de aprendizado, o que noto ao reler as anotações desse período, mas foram esses elementos que me levaram a ler, com muito respeito, os documentos clássicos dos rabis sobre o judaísmo.

Ao lado da literatura alemã mais variada, da qual eu apreciava sobretudo Jean Paul, Lichtenberg, Paul Scheerbart, Mörike e George, passei a ler com uma dedicação cada vez maior a Bíblia, o Talmud e a *Midrasch*, textos que me pareciam muito interessantes, tanto nos seus aspectos normativos quanto nos imaginários. Sofri uma grande influência das discussões entre os "halahistas" e as máximas dos "agadistas", que me mantiveram ocupado por inúmeras horas. Ao conhecer mais de perto o modo de vida ortodoxo, porém, tive uma fase de hesitação que durou vários anos, até finalmente decidir que não a adotaria. Em todo caso, nesses anos de grande receptividade, as palavras dos sábios das Escrituras, que na literatura não-judaica assumiam uma conotação ligeiramente irônica, tinham para mim um sentido muito positivo. À procura de uma tradição que se perdera em meu círculo cultural e que me atraía com grande magia, os escritos dos antigos judeus me pareceram cheios de vida e de uma riqueza infinita, e na minha opinião agüentavam uma comparação com o mundo tão diferente daqueles antigos alemães, se bem que em planos bem diversos.

Eu já me referi aos antiquários judeus onde passava várias horas, mas ia remexer com a mesma freqüência nos tesouros de um pequeno antiquário da Prinzenstrasse, nas proximidades da casa do Dr. Bleichrode. Ali comprei por uma ninharia livros de Jean Paul, Hippel, Lichtenberg e Johann Georg Hamann. Perante a minha cobiça insaciável de leitura, de aprender e de colecionar publicações, um outro terreno ideal para caçar tesouros eram os carros com livros, estacionados perto da universidade, onde se podia comprar por um preço ridículo, até os primeiros anos após a guerra, desde Wälzer até os livros e folhetos mais estranhos e extravagantes. Foi lá que adquiri por cinqüenta *Pfennig*, nem mais nem menos, a sátira de Lichtenberg, publicada sob um pseudônimo, sobre a tentativa de Lavater converter Moses Mendelssohn, *Timorus, Defesa de Dois Israelitas que, Movidos pela Virtude dos Argumentos de Lavater e das Lingüiças de Göttingen, Converteram-se à Verdadeira Religião*. Ainda hoje conservo esse exemplar pelo qual me ofereceram no ano passado, para o meu prazer, mil quinhentos marcos.

Qual não foi o meu entusiasmo, ao ler numa das primeiras edições de Lichtenberg: "Entre as traduções que possam vir a ser feitas de minha obra, rogo (*erbitte*) expressamente a hebraica!" Imaginem a minha decepção, quando anos depois li na edição crítica de Leitzmann dessas *garatujas literárias*, que meu entusiasmo estava fundado num erro de impressão, pois o certo era "eu proíbo" (*verbitte*), em vez de "rogo", quando a forma equivocada estaria mais de acordo com o teor dos seus escritos – pelo menos essa foi a minha impressão. Foi só depois que notei insinuações maldosas e manifestações anti-semitas em suas obras posteriores.

No plano histórico, é claro que a Primeira Guerra Mundial foi o acontecimento mais importante da minha adolescência. Hoje é muito difícil imaginar como é que a guerra poderia afetar tanto alguém que a ela se opusesse. Ao meu redor, desatara-se uma onde a de entusiasmo pela guerra. Ao me opor a tudo isso, só encontrei apoio em meu irmão Werner, com quem mantive uma assídua correspondência até ele retornar de Hanôver com o supletivo concluído em 1914, para esperar em Berlim pela sua convocatória para o exército. Ele sempre se identificou com a minoria do Partido Social Democrata que encontrou em Liebknecht, Rosa Luxemburgo, Ledebur e Haase as figuras-símbolo de suas posições. Através de meu irmão me inteirei de que essa minoria realizava duas vezes por mês uma reunião clandestina num restaurante da Hasenheide em Neukölln, na qual um dos líderes fazia uma palestra, analisando as reações dos círculos socialistas em todos os países envolvidos na guerra. Aderi a essas reuniões, em que se distribuíam folhetos sobre a guerra, quem tinha culpa e coisas semelhantes, e em abril de 1915 participei ativamente da divulgação desse material, inclusive do único número da revista *Die Internationale*, que imediatamente foi proibida. Só deixei de ir às reuniões na Hasenheide quando meu irmão foi convocado.

Porém, a teoria marxista, que ele agora me expunha amistosamente, sem empregar violência, não me impressionava tanto quanto a anarquista. Pressionado pelos acontecimentos, li quase todas as obras anarquistas que havia na Biblioteca Municipal de Berlim. Comecei pelo livro de um tal professor Paul Eltzbacher sobre o anarquismo e suas diversas correntes, uma obra bastante objetiva e a primeira pequena biografia de Bakunin, escrita por Nettlau, e depois passei à leitura de Peter Kropotkin e Gustav Landauer, como também Proudhon e Elisée Réclus. Para mim, o seu socialismo tinha mais sentido que o pretenso socialismo científico, cujo poder de convicção não funcionou comigo. *Aufruf zum Sozialismus* (*O Manifesto Socialista*) de Gustav Landauer causou uma profunda impressão em mim e em vários jovens sionistas, como também a figura de Landauer que costumava pronunciar conferências nos círculos sionistas, e com quem falei várias vezes no final de 1915 e no ano seguinte. Eu já havia tentado em vão entender os três grossos volumes de Fritz Mauthner, *Beiträge zu einer Kritik der Sprache* (*Contribuições para uma Crítica da Linguagem*), que um colega de escola mais velho me recomendara, e Landauer, um grande admirador de Mauthner, além de seu colaborador (embora tenha criticado acerbamente a posição deste quanto à guerra), sugeriu que eu procurasse ler as teorias de Mauthner à luz das considerações e conclusões a que ele próprio chegara, registradas em seu livro *Skepsis und Mistik* (*Ceticismo e Misticismo*). Por intermédio de Landauer entrei em contato com Bernhard Mayer, um atacadista de peles cujo escritório ficava na Beuthstrasse, em frente à nossa gráfica. Homem de negócios que fizera fortuna, Mayer viveu depois na Suíça durante vários anos, onde desempenhou um papel muito importante como mecenas de artistas, escritores e políticos perseguidos. Era um anarquista convicto e discípulo de Kropotkin. Por causa da guerra tivera que sair de Bruxelas. Em Berlim, morou apenas uns dois anos, durante os quais me deu outros livros sobre o anarquismo. Ele e Landauer eram judeus muito conscientes e orgulhosos e gostavam de discutir com os sionistas, principalmente com os que rejeitavam a guerra e tudo o que se relacionasse a ela. Em sua velhice, Mayer tornou-se um patrono do sionismo, sem contudo abrir mão de suas convicções. As concepções sociais e morais de anarquistas como Tolstói e Landauer tiveram uma importância que não deve ser subestimada para alguns grupos influentes de judeus que, vindos da Rússia e de países de língua alemã, participaram da construção de uma vida nova na terra de Israel. No período a que me refiro, eu tinha uma forte inclinação para o anarquismo, embora as possibilidades de edificar uma sociedade anarquista me parecessem cada vez mais duvidosas. Infelizmente eu tinha sérias dúvidas filosóficas quanto aos pressupostos otimistas sobre a natureza humana, que servem de base a todas as teorias anarquistas.

Neste contexto, devo dizer que não me voltei para o sionismo porque a fundação de um Estado judaico (que eu defendia nas discussões) me parecesse ser necessariamente o principal objetivo do movimento. Para mim e para muitos outros, este aspecto do assunto não tinha a mínima importância, ou quando muito desempenhava um papel apenas secundário, até Hitler aniquilar os judeus. Várias pessoas que aderiram ao movimento não consideravam determinante o aspecto puramente político ou referente ao direito internacional. Para algumas tendências, o importante era os judeus refletirem sobre suas questões e sua história, além de um possível renascimento de natureza espiritual e cultural, mas sobretudo social. Nós acreditávamos que havendo perspectiva de uma verdadeira renovação que possibilitasse a plena realização do potencial judaico, isso só poderia acontecer lá onde o judeu se confrontasse consigo próprio, com seu povo e suas raízes. A postura frente à tradição religiosa pesava mais na nossa visão do que nas demais tendências, e eu diria que exercia uma função manifestamente dialética. O antagonismo entre a pretensão de revigorar a tradição judaica, dando-lhe continuidade, e a rebeldia contra essa tradição – só que uma rebeldia dentro dos parâmetros do judaísmo, sem dele afastar-se ou renegá-lo –, esse antagonismo constituiu o cerne do sionismo desde o início, criando uma dialética intrínseca. Lemas como "A Renovação do Judaísmo" ou "Novo Ânimo aos Corações" só encobriam verbalmente essa dialética, que se rompia à mínima tentativa de revesti-la de um conteúdo concreto na construção de uma nova sociedade judaica, e que de fato determinou a história do movimento sionista desde a minha juventude até hoje.

Nessa época, o porta-voz mais importante desse sionismo sócio-cultural que não colocava a política em primeiro plano era o ensaísta Ascher Ginsberg, da Rússia, que se tornou muito famoso sob o pseudônimo de *Ahad Haam* (*Um do Povo*). Alguns ensaios seus haviam sido traduzidos para o alemão e até o título sob o qual foram publicados, *Am Scheidewege* (*Na Encruzilhada dos Caminhos*), apontava para a mencionada dialética. Continuidade ou um recomeço radical – diante dessa alternativa, qualquer tentativa de mediação estava destinada ao fracasso. Entre os sionistas de língua alemã, o mais renomado defensor de um reinício radical sem dúvida era Martin Buber que, em seus *Reden über das Judentum* (*Preleções sobre o Judaísmo*), imprimiu uma conotação marcantemente religiosa e romântica ao "Ahad Haamismo", opondo à "religião" entorpecida pelo formalismo uma "religiosidade" criativa e na verdade fundamental. Tempos depois, Buber abandonou essa antítese tão apreciada na Alemanha naquela época, trilhando novos caminhos que contudo não explicam a forte ressonância que seus discursos provocaram entre a juventude sionista. Não lhe faltaram discípulos imbuídos da sua solução de um "judaísmo primitivo" ou das origens, a ser resgatado da rigidez do "rabinismo". Algumas publicações com este mesmo espírito levantaram violentas controvérsias, sobretudo a coletânea *Vom Judentum* (*Sobre o Judaísmo*), editada em 1913 por Kurt Wolf e inspirada por Buber.

Eu não tinha maturidade suficiente para identificar claramente as posições e alternativas em discussão e que costumavam esconder-se sob tantas fórmulas, por isso precisei de uns dois anos para captar todas essas impressões que me deixavam num estado de ebulição interior em que muitas coisas se misturavam. Porém, daí surgiu o desejo de conhecer as fontes da tradição judaica. Buber me impunha respeito, mas afinal acabei me definindo como adepto de Ahad Haam, embora não aceitasse o seu agnosticismo filosófico, depois adotado por Herbert Spencer. Foi a sua grande seriedade moral que me convenceu.

Nesse período de hesitação, mais precisamente no final de 1913, aderi, junto com outros colegas da Jovem Judá, ao grupo juvenil da Agudath Israel que estava se reorganizando e nem me lembro bem através de que manobras cheguei a ser eleito para fazer parte da sua diretoria. Fundada em 1911 por círculos ortodoxos, a Agudath era uma organização que pretendia fazer frente ao sionismo, mas nesse momento ainda não havia assumido a posição rigidamente clerical e anti-sionista que haveria de caracterizá-la mais tarde. O seu lema programático, "Solução da Missão Integral do Judaísmo sob o Espírito da Torá", era um plágio ortodoxo do "Programa de Basiléia" do sionismo, formulado em 1897, que definira por objetivo solucionar a questão judaica através do "estabelecimento de uma prática garantida legalmente na Palestina". Como o "espírito da Torá" me agradasse, gostei também da nova fórmula apresentada pela Agudath. Porém, essa formulação foi uma obra da diplomacia ortodoxa, pois no fundo ela não pensava no "espírito da Torá" e sim, de forma bem mais precisa, nos dizeres do *Schulkhan Aruch*, o código de leis judaicas. Não demorou muito até eu perceber o artifício. E para ser sincero, só me associei a esse grupo pelo seu programa muito ativo, incluindo cursos intensivos de estudo das fontes hebraicas. Durante a semana, entre as três da tarde e as nove da noite, podia-se participar de vários desses cursos, alguns dos quais eram excelentes, dados por estudantes e candidatos a rabinos. Um deles, um jurista, nos ensinou um breve tratado do Talmud em hebraico. Tolerava-se o sionismo, embora este fosse considerado perigoso. Nosso presidente, Leo Deutschländer, me explicou uma vez que o sionismo era como as cinzas da vaca vermelha, que segundo o quarto livro de Moisés constituíam uma parte importante do ritual de purificação para aqueles que haviam tocado em cadáveres, na época do Templo. Assim como as cinzas, o sionismo era capaz de purificar os impuros, mas concomitantemente podia contaminar os puros que se envolvessem com ele! Ou seja: nós, os "assimilados", seríamos conduzidos ao caminho da Torá, mas os devotos correriam o risco de desviar-se do caminho, devido ao espírito moderno reinante no sionismo. Na verdade, a Agudath perdeu todo o grupo de jovens com quem eu me reunia para o sionismo. O único que lhe permaneceu fiel foi o próprio Deutschländer, homem de uma capacidade extraordinária e grande cultura, que havia montado após a Primeira Guerra Mundial o sistema escolar ortodoxo para moças do judaísmo oriental.

Só pertenci ao grupo durante uns seis meses ou pouco mais, mas foi o suficiente para me apaixonar pela primeira vez. Tratava-se da filha de um alfaiate muito religioso de Kalisch, e portanto de uma moça de nacionalidade russa. Muito bonita, ela reunia uma certa coqueteria e devoção religiosa, uma combinação que não consegui entender bem na época. Por sua causa, eu comparecia até às orações vespertinas do *Schabat* na velha sinagoga, onde a observava de longe, em todo o brilho de seus cabelos crespos, compenetrada em suas orações, quase sozinha na primeira fila da galeria feminina. Depois saíamos para dar um passeio. Escrevi alguns trabalhos da escola para ela, mas quando eu quis beijá-la no Parque Treptow, um ano depois, ela me fez uma cena insuportável. E assim acabou o namoro. Vinte e cinco anos depois, avistei-a na platéia, durante uma palestra que dei em hebraico em Tel Aviv. Logo após ela se aproximou e me disse: "Eu sou Jetka". Entretanto ela se tornara uma oradora inglesa de grande sucesso e uma estrela da organização sionista de mulheres.

De qualquer forma, a Agudath me atraía bem mais que as associações sionistas de estudantes, que, como já mencionei, nos encaravam como seus potenciais sucessores. Havia ainda outros dois grupos que se uniram definitivamente no início de 1914. Ambos nos convidaram para as festas de adesão no outono de 1913 e na primavera de 1914. Tudo o que pude observar e os "comentários" estudantis que ouvi nessas duas ocasiões exemplificavam aquele tipo de assimilação do qual eu não queria nem saber e me causaram tal indignação que junto com uns três ou quatro colegas decidi nunca me meter com esse tipo de organização. E como mantive minha decisão, nesses círculos que eram objeto do meu desprezo eu era considerado sectário, pretensioso e anti-social. O mesmo aconteceu em relação à tentativa de me convencer a entrar para a União de Excursionistas Azul e Branca, à qual se filiara uma parte dos meus amigos de juventude. Essa era uma espécie de versão sionista do movimento Wandervogel\*, unindo o romantismo alemão a elementos do novo judaísmo. Não que eu não gostasse de caminhar pelos belos arredores de Berlim, mas preferia fazê-lo sozinho ou na companhia de Erich Brauer, um amigo do grupo Jovem Judá. Brauer era ilustrador e depois tornou-se etnólogo, escrevendo uma obra fundamental sobre a etnologia dos judeus iemenitas. Caminhar em bando e ainda por cima entoando as músicas do cancioneiro do

---

\* Primeiro movimento organizado da juventude alemã, fundado em fins do século XIX e dissolvido com a ascensão do nazismo. Dedicava-se a excursões e ao cultivo do folclore alemão. (N. da T.)

Wandervogel ou então o repertório de canções infantis judaicas, que também incluía canções sionistas e até em hebraico e ídiche, isso decididamente não era para mim. Depois de duas excursões, a título de experiência, como se dizia, não apareci nunca mais. A minha proposição de que os jovens judeus deveriam dedicar-se primeiramente a aprender hebraico era irrepreensível enquanto idéia, teoria, só que exigia muito mais sacrifícios e esforços do que as cerimônias estudantis e as excursões naturalistas. Minhas primeiras dissertações, escritas entre 1915 e 1917, refletem meu rechaço à exaltação da guerra e também a polêmica que travei contra o que então se chamava de movimento da juventude judaica. As respostas que recebi me atestavam uma grande força de vontade, mas observavam que eu não tinha a mínima aptidão artística e era do tipo essencialmente intelectual. Bem, quanto a isso não há nada a objetar.

## ESTUDANTE EM BERLIM (1915-1916)

A maioria dos integrantes da Jovem Judá, assim como eu, era contrária à guerra. Muitos de nós decidimos ir à Palestina, caso sobrevivêssemos.

Essa posição que eu defendia abertamente se traduzia em algumas ações e logo me causou problemas. Em janeiro de 1915, o jornal judaico, *Jüdische Rundschau*, publicou um pomposo artigo intitulado "Nós e a Guerra", escrito em plena "buberdade" – como então se dizia das elucubrações literárias produzidas pelos discípulos do grande mestre Buber, tratando de imitá-lo – e que culminava com a seguinte frase: "E foi por isso que partimos para a guerra, não apesar de sermos judeus, mas por sermos sionistas". Fiquei furioso e escrevi uma carta à redação do jornal, protestando com veemência contra o artigo e exigindo que pelo menos não se publicassem textos enaltecendo a guerra numa revista sionista, enquanto a censura reinante não permitisse a defesa e a divulgação de uma opinião contrária. Aí expus a minha posição e a de meus colegas quanto à guerra. Ainda conservo o texto dessa carta no diário que escrevi ininterruptamente durante esses anos. Quinze do nosso grupo assinaram o protesto.

Sem pensar nas conseqüências, levei a carta para a escola, pois meu amigo e colega Edgar Blum pretendia assiná-la. Durante o recreio, alguém da minha classe resolveu mexer na minha pasta enquanto eu dava uma volta pelo pátio, leu a carta e embora nem tivesse tempo de copiá-la, achou razão suficiente para me denunciar à diretoria. Assim, acabei indo parar diante de uma comissão disciplinar, na qual o diretor, aliás um homem de nobre caráter, e dois dos meus professores se opuseram a uma expulsão imediata. Porém, tive que deixar a escola em março de 1915, faltando apenas um ano para a conclusão do segundo grau. De qualquer forma, esta solução relativamente liberal me deixou a possibilidade de prestar o exame final perante uma comissão. Em outubro de 1915 fiz a inscrição no Departamento de Educação e coube-me fazer a prova no Colégio Königstadt. Quando tudo havia terminado, fiquei esperando pelo resultado da prova oral no corredor, em frente à sala dos professores, quando apareceu o professor de alemão e me disse: "O senhor nos causou um problema. Ao que tudo indica, o senhor é inteligente e passou em todas as matérias com boas notas. [Tive que fazer com ele a prova de redação, que tinha o seguinte tema: 'Nenhum Carvalho Cai de um Golpe Só!']. Mas por que o senhor saiu da escola antes de terminar o curso, para 'continuar se preparando particularmente', como consta do seu certificado?" Constrangido, fiquei enrolando, pois se não quisesse me prejudicar, por mais que o meu orgulho o exigisse, não podia dizer simplesmente a verdade, que tivera que sair da escola por manifestar "atitudes antipatrióticas". E assim desviei o olhar, bastante sem jeito. "Ah, eu compreendo", disse o professor e me deu uma palmadinha no ombro, todo benevolente, "é por causa de uma garota", e voltou satisfeito para a sala de reuniões. Seduzir uma moça era uma espécie de delito de cavalheiros, e portanto consegui meu certificado de conclusão sem maiores dificuldades.

Como era compreensível, meu pai ficou furioso com a expulsão e seus motivos. Disse que estava farto de mim e queria mandar-me para Stettin ou Greifswald, onde eu seria aprendiz em algum armazém*. Meu tio Theobald e minha tia Käthe Schiepan-Hirsch interferiram a meu favor e um de seus amigos, ao saber da tragédia, informou-a da existência de um certo parágrafo nos estatutos da Universidade de Berlim, instituindo a chamada matrícula menor. Segundo essa determinação, qualquer pessoa que comprovasse haver cursado pelo menos até o primeiro colegial poderia matricular-se regularmente como estudante por uns quatro ou seis semestres, o que, contudo, só era válido para as faculdades de filosofia e agronomia. Como estudante, tinha todos os direitos, só não podia participar dos exames. O governo prussiano introduzira essas modificações uns cem anos atrás para facilitar o acesso à universidade aos filhos dos latifundiários prussianos que depois assumiriam as propriedades da família e talvez não fossem tão ricos em dotes intelectuais. Com essa matrícula menor, de aluno-ouvinte, eles podiam aperfeiçoar sua cultura geral ou mesmo fazer alguma especialização e sobretudo – o que parecia ser o sentido do tal parágrafo – podiam filiar-se às corporações estudantis, onde receberiam um certo trato social, sem falar nas relações com gente de bem. As autoridades não tinham o menor interesse em tornar público tal privilégio na matrícula, que fora formulado de uma maneira genérica. Ele constava dos estatutos da universidade, mas quem é que lê calhamaços como esses estatutos? Se a existência da matrícula menor fosse devidamente divulgada, um número consi-

---

* Scholem usa nesta frase, em vez de armazém, a curiosa palavra *Heringsbändiger* (domador de arenques, literalmente), indicando tratar-se de uma expressão do dialeto berlinense. (N. da T.)

derável de talentosos jovens judeus teria abandonado a escola aos dezesseis anos e invadido a universidade, aprendendo por si e com a maior facilidade a matéria dos dois últimos anos do segundo grau, em seis ou nove meses. Não encontrei nenhum outro judeu que soubesse desse estatuto ou tivesse feito uso de tal prerrogativa.

Quanto aos meus colegas de escola que não eram judeus, só mantive uma relação que merecesse ser chamada de amizade com três deles, principalmente nos últimos dois ou três anos. Na escola não sofri tanto com as grosserias anti-semitas quanto com os gracejos por causa das minhas orelhas de abano, uma herança comum a quase todos os Scholem das últimas três ou quatro gerações. Meu pai pelo menos tirou proveito disso, pois conseguia fazer mexer as orelhas, depois de muito treino, o que infelizmente não foi o meu caso. O que me ligava a dois desses colegas era o interesse pelo xadrez e uma simpatia humana indefinível. Embora não partilhassem minha posição pacifista, reinava entre nós uma boa camaradagem, e só os perdi de vista quando foram recrutados. Um deles, Rudolf Ziegler, me enviou uma carta por intermédio da editora, cinqüenta anos depois, perguntando-me se eu não seria o mesmo Scholem autor de um livro de uma coletânea de textos (*Judaica*) que ele comprara numa livraria em Berlim e que o fizera lembrar-se de um colega de escola que sempre se interessara por questões judaicas. Bem que eu gostaria de revê-lo, mas ele faleceu antes de eu voltar mais uma vez a Berlim. Quanto ao segundo, Rudolf Korte, formou-se em química e através dos meus irmãos mais velhos, que tinham negócios com ele, fiquei sabendo que o seu comportamento foi honrado e irrepreensível durante o nazismo. Mas eu tinha mais amizade com Erwin Briese, filho de um modesto técnico em próteses dentárias que vivia no Märkischer Park. Seus pais realmente passavam fome para pagar o colégio do filho. Briese era um jovem muito alto, forte de constituição, de maneiras rudes mas dócil de temperamento e que se afeiçoou bastante a mim. Interessava-se por vários assuntos e era o único desse círculo a compartilhar minhas idéias sobre a Primeira Guerra Mundial. Durante o processo disciplinar aberto contra mim, vinha diariamente à minha casa para desabafar comigo e dar-me conselhos. Várias vezes me disse não possuir a devida força de caráter para negar-se a prestar o serviço militar, embora tivesse a certeza de que morreria na guerra. Sua intuição não o enganou, e assim foi.

Na minha escola, os alunos judeus perfaziam uns vinte ou vinte e cinco por cento do total.

Nos dois últimos anos de escola, desenvolvi uma forte inclinação e até um certo talento para a matemática. Portanto resolvi estudar matemática como disciplina principal na universidade, no que fui incentivado pelo Professor Goldscheider, a quem eu já me referi. Meu ex-professor desprezava a filosofia, que escolhi como segunda disciplina de estudo, e em suas aulas não perdia uma oportunidade de soltar observações irônicas sobre a imaginação e a presunção dos filósofos. Ele que fora um dos meus defensores no caso que culminou com o meu afastamento da escola nunca fez nenhuma alusão ao episódio, mas passou a me dar regularmente, duas vezes por semana, a matéria e os exercícios específicos do ano seguinte, que eu deveria dominar até o exame. Quanto ao meu interesse por questões judaicas ele também passava por alto, sem perder uma palavra sobre o assunto, embora eu às vezes o mencionasse de passagem, sabendo que ele era um judeu batizado.

Estudei portanto quatro anos, mantendo o que pretendia fazer, e se não coroei meus estudos com um doutoramento, pelo menos fiz a licenciatura. Aprendi com alguns professores meus, principalmente com Frobenius, Knopp e Hermann Amandus Schwarz, um dos principais discípulos de Weierstrass, o que era elegância em termos de matemática. Adquiri o costume de passar a limpo, em casa, suas aulas dissertativas. Com base nessas anotações, hoje ainda poderia reproduzir a exposição de quatro horas que Frobenius fez sobre introdução à álgebra avançada. Inesquecível também foi a primeira aula com Schwarz, que não começou o curso com uma definição de matemática, como fazia Goldscheider, e sim com a seguinte frase: "A filosofia é o abuso sistemático de uma terminologia criada especialmente para essa finalidade". Só bem mais tarde fui descobrir que essa frase grandiosa, que era bonita demais para ser verdadeira, não era de sua autoria e datava de vinte e cinco anos atrás. Diante de uma definição dessas, é lógico que a matemática saía ganhando. Porém, logo descobri que em matéria de filosofia da matemática havia inúmeras tendências contrárias, defendidas tanto por grandes matemáticos e filósofos menores quanto vice-versa, por grandes filósofos e matemáticos menores. A não ser Bertrand Russell, que é uma exceção, não encontrei nenhum autor que assinalasse a mesma grandeza em ambas as disciplinas.

Apesar de todo o meu interesse pela matemática, percebi que não tinha aptidão para um trabalho criativo em termos de matemática. Isto ficou evidente para mim ao cursar meu quinto semestre no verão de 1917, quando participei de um seminário de álgebra com dois catedráticos recém-nomeados: Erhard Schmidt e Issai Schur, excelentes matemáticos. Sempre que surgia um problema difícil tanto para nós como para os professores, e nós, estudantes, não sabíamos como resolvê-lo, um destes senhores voltava-se para um jovem muito modesto, sentado na última fila do salão onde se realizava o seminário de matemática, construído em forma de anfiteatro: "E agora, Sr. Siegel, como é que nós saímos desta?" O Sr. Siegel quase sempre tinha uma solução. Aí vi o que é um matemático de primeira ordem e como é que funcionava a verdadeira fantasia matemática. Carl Ludwig Siegel, que posteriormente tornar-se-ia um dos grandes matemáticos da minha geração, foi para mim o sinal de que eu jamais conseguiria produzir aquilo que se esperava de um autêntico matemático. Não obstante, continuei a estudar matemática e física, na esperança de talvez poder trabalhar como professor numa escola hebraica da Palestina.

Tratei de complementar meus estudos nesses anos adquirindo uma boa biblioteca de matemática. Gostava principalmente de aritmética, álgebra e teoria das funções. Nessa fase, meu coração dividia-se entre o amor pela matemática e pelo judaísmo.

Meu pai não gostava nem um pouco das minhas inclinações, e desfiava suas lamúrias muitas vezes na minha presença: "O senhor meu filho só se dedica a artes que não rendem um vintém. O senhor meu filho se interessa pela matemática, por matemática pura. E eu digo ao meu filho: o que você quer com isso? Como judeu, você não tem a mínima chance de fazer uma carreira universitária. Não vai conseguir ocupar um cargo importante. Vá estudar engenharia na Escola Técnica Superior, lá você pode fazer todos os exercícios de matemática que quiser, nas horas de folga. Mas não, o senhor meu filho não quer ser engenheiro, só quer a matemática pura. O senhor meu filho se interessa pelo judaísmo. E eu lhe digo: pois não, então vá ser rabino, e você terá todo o judaísmo que quiser. Mas não, o senhor meu filho não quer ser rabino de jeito nenhum. Não dá para viver dessas artes improdutivas!" Essa era a opinião de meu pai, que faleceu em 1925, poucos meses antes de eu ser nomeado professor da Universidade de Jerusalém, precisamente nessas cadeiras judaicas de artes "improdutivas".

Vocações tão diferentes como as aqui descritas necessariamente tinham que me levar a considerações filosóficas. O *Pequeno Schwegler*, como se costumava chamar o livro editado pela Reclam com uma breve história da filosofia, e a *Introdução à Filosofia*, de Wilhelm Wund, foram os primeiros textos com que me deparei no segundo grau. Kant estava fora do meu alcance, mas umas quantas traduções de

Schleiermacher dos *Diálogos* de Platão despertaram a minha atenção. Achei lamentável não saber grego, falha aliás que tratei de sanar em Munique, embora somente em 1919 e 1920. Em filosofia não tive professores tão bons quanto em matemática. Os filósofos da faculdade de Berlim não conseguiram me impressionar. Devo admitir que fiquei furioso certa vez, ao assistir uma exposição de Ernst Cassirer sobre os pré-socráticos, porque sempre que chegava a um ponto interessante ele interrompia a cadeia de pensamentos e dizia: "Bem, se continuarmos, isto nos levará longe demais". Adolf Lasson, "o último hegeliano" na Universidade de Berlim, que quarenta anos atrás fora o mestre-sala de meu pai no Colégio Luisenstadt, aos oitenta e três anos ainda proferia uma conferência aberta ao público sobre Hegel, extraordinariamente rica do ponto de vista retórico, embora não lograsse ser convincente. Ele ainda atraía uma grande audiência, enquanto pouquíssimas pessoas assistiam às palestras do astrônomo Wilhelm Förster, da mesma idade, o fundado da Sociedade de Cultura Ética que foi a precursora filosófica do monismo. Precisamente a sua palestra sobre Kepler talvez tenha sido a mais impressionante a que assisti nessa instituição, pelo seu sentido de moral, e eu diria que também devido à profunda religiosidade desse cientista ateu. Mas pelo menos foi na Universidade de Berlim que comecei a ler Kant.

Quando comecei meus estudos, Georg Simmel, o professor de filosofia de maior renome da universidade, já estava lecionando em Estrasburgo, onde fora nomeado catedrático, havia uns seis meses, depois de passar mais de trinta anos na Alemanha sem tê-lo conseguido, apesar de toda a sua fama. O motivo ele expôs numa carta que depois ficou famosa: *hebraeus sum*. E isso porque se tratava de um homem cujos pais haviam abandonado o judaísmo antes de 1850 e que era tido por todos como o próprio talmudista, por mais que estivesse totalmente alheio às questões judaicas. Quando finalmente a Universidade de Heidelberg colocou o seu nome em primeiro lugar na lista de professores a serem nomeados catedráticos, um historiador berlinense muito influente interveio junto à esposa do grão-duque de Baden (tido por liberal), convencendo-a de que seria uma barbaridade entregar uma cátedra tão importante como essa da Universidade de Heidelberg nas mãos de um intelectual judeu. Buber fora aluno e um grande admirador de Simmel, e uma ou outra vez lhe colocou que um homem como ele deveria ter interesse em que continuassem existindo pessoas do seu tipo. As palavras de Buber, porém, não encontraram terreno fértil, embora Simmel, como também qualquer outro, já deve esse ter notado que os espíritos criativos que demonstravam interesse pela sua maneira de pensar eram quase todos judeus. Bem mais tarde, Buber me contou que durante todos os anos em que conviveu com Simmel, só o ouviu dizer uma única vez, para grande surpresa sua, a palavra "nós", referindo-se aos judeus. Foi quando Simmel, após a leitura do primeiro livro hassidista de Buber, *Histórias do Rabi Nachman*, ficou pensativo e disse, bem devagar: "Nós somos mesmo um povo muito estranho".

Em compensação, tive a oportunidade de ouvir em Berlim um grande filósofo, que ao mesmo tempo era uma grande figura humana e do judaísmo. Não se tratava das aulas de filosofia da religião que ele ministrava, com mais de setenta anos, no Instituto de Ciências do Judaísmo (que posteriormente tornou-se Escola Superior), na Artilleriestrasse, mas sim algumas palestras em torno do tema de um futuro livro seu: *Religion der Vernunft aus den Quellen des Judentums* (*A Religião da Razão, a Partir das Fontes do Judaísmo*). O instituto promovia, todas as segundas-feiras, palestras abertas ao público, que atraíam uma grande audiência. Eu me refiro a Hermann Cohen, o líder da escola de Marburg e do neokantismo, uma figura que inspirava respeito, quer se concordasse ou não com as suas idéias. Bastante baixo e com uma cabeça enorme e desproporcional em relação à sua altura, era o que comumente se chamava de um homem feio. Por seu intermédio presenciei pela primeira vez quanta beleza é capaz de exprimir uma cabeça tão feia. Com toda a sua idade, falava com uma voz de falsete, entrecortada de emoção. Na verdade, a sua testa era o único que sobressaía lá do púlpito, e só uma ou outra vez, quando elogiava ou atacava certos conceitos como o "profetismo", ou então "panteísmo", que lhe parecia especialmente odioso, aparecia de repente sobre o púlpito, e somente enquanto durasse a frase, aquela cabeça horrível, irradiando paixão – uma imagem inesquecível.

Cohen é o autor da frase mais dura que tudo o que os adversários do sionismo já haviam dito sobre esse movimento. Em 1914, ao conversar com Franz Rosenzweig, a quem acusava de ser demasiado tolerante para com o sionismo, mudou de repente o tom de voz, sussurrando-lhe em tom de segredo as seguintes palavras, que segundo a descrição de Rosenzweig caíram como um trovão: "E os caras pretendem ser felizes!" Conheci vários alunos de Cohen. Com toda a sua idade ele parecia, mesmo aos seus adversários, uma figura saída da Bíblia. Cohen faleceu em 1918, e meu amigo de juventude Harry (Aharon) Heller, do grupo Jovem Judá, que estava começando a estudar, foi o seu último aluno num curso particular sobre Maimônides, no semestre de inverno de 1917-1918.

Se alguma vez me vi confrontado com um conflito interior, então foi o que se travou entre a minha alma de matemático e a alma judaica. Porém, naqueles anos e principalmente a partir de 1916, eu já definira que direção imprimir à minha vida, pois estava decidido a dedicar-me, no futuro, à construção de uma nova sociedade judaica nas terras de Israel. Para mim, Sion era um símbolo que ligava a nossa origem e o nosso objetivo utópico mais num sentido religioso do que geográfico. Eu encarava os próximos anos como um período de aprendizado e preparação para a minha vida ali, motivo pelo qual não procurei criar raízes na Alemanha, depois que a situação dos judeus nesse país começou a tomar contornos bastante nítidos, parecendo-me bastante duvidosa ou questionável.

Em 1913 eu havia decidido ler toda a Bíblia hebraica desde o começo. Se não me engano, esta primeira leitura durou uns quatro anos. Resolvi não conservar os quatro volumes da edição Letteris quando pude substituí-la por uma outra pretensamente mais científica, sendo que hoje eu me pergunto se esta última não representaria um retrocesso camuflado de progresso. Sessenta anos depois, ao visitar Friedrich Dürrenmatt em Neuchâtel, fiquei fascinado ao ver que ele guardara a Bíblia de seu pai, um pastor evangélico que anotou nas suas páginas as respectivas datas de suas leituras. Ele leu seis vezes integralmente a Bíblia hebraica!

Era mais ou menos assim que eu me encontrava, ao terminar meu primeiro semestre na universidade, quando conheci Walter Benjamin. Mas não pretendo entrar em detalhes acerca da nossa amizade, por já haver escrito um livro a esse respeito. Porém gostaria de dizer algo sobre o significado que teve para mim essa que foi a mais importante amizade da minha vida. Certamente o meu grande interesse pelas questões judaicas desempenhou um papel central na sua consolidação. Benjamin nunca questionou essa minha ligação, pelo contrário, até me incentivou, por mais paradoxal que isso possa parecer, tratando-se de alguém que ignorava totalmente o assunto. Quando o conheci, Benjamin era uma pessoa de espírito aberto e que vivia quase ao sabor dos acontecimentos, não fosse por uma estrela a nortear sua bússola, e que logo acabei por descobrir. Tratava-se de Hölderlin na sua fase tardia, que fiquei conhecendo graças a ele. Unia-nos o interesse por questões filosóficas e literárias, mas as diversas perguntas que ele me formulava quando eu discorria sobre o judaísmo eram tão originais e inesperadas que exerciam um efeito incrivelmente excitante, exigindo de mim uma concentração muito mais intensa do que a dispensada nas conversações com meus amigos sionistas. Do grupo Jovem Judá, meus melhores amigos eram Harry Heymann, falecido em 1918, durante a guerra, Walter Czapski, Aharon Heller, Schlomo Krolik, Karl Türkischer e Erich Brauer. Cada qual tinha sua área específica de interesses, mas quanto às convicções sionistas e às decisões éramos tão unidos que só reforçávamos nossas opiniões e raramente discutíamos sobre questões de princípio. A posição que compartíamos quanto à guerra criou entre nós um elo emocional muito forte, cuja importância não deve ser subestimada. Cedo ou tarde, todos iríamos a Israel. Heller tinha uma inteligência privilegiada e era de uma integridade irradiante que durante muitos anos me pareceu exemplar. Mais tarde ele tornou-se um dos médicos mais extraordinários de Israel, mas o elo que nos unia cedeu lugar a um distanciamento irremediável. De 1915 a 1916, Brauer e eu editamos três números de uma revista impressa por processo litográfico na gráfica do meu pai, embora sem o seu conhecimento. A esta revista, na qual apenas nós dois escrevíamos, fazendo frente à confusão reinante nos círculos onde o sionismo não era tão radical, demos um título simbólico *Die blauweisse Brille* (*Óculos Azuis e Brancos*). Mas Benjamin era simplesmente de outra grandeza. Em 1915, ao acompanhar meu irmão às reuniões na Hasenheide, sobre as quais eu já me referi, tive a oportunidade de me deparar pela primeira vez com um escritor, na pessoa de Helmut Schönlank, filho de um conhecido líder social-democrata e neto de um rabi. Na pessoa de Benjamin conheci pela primeira vez alguém com uma força de pensamento natural por assim dizer, que me impressionou e despertou imediatamente o meu interesse. E provavelmente foi assim que cada um de nós contribuiu para o desenvolvimento do outro, e eu até diria que lhe devo muita coisa, mas no mínimo tanto quanto ele deve a mim, embora num plano diferente.

Foi a *Óculos Azuis e Brancos* que me levou a entrar em contato com Martin Buber. Em março de 1916, nós havíamos publicado uma caricatura bem mordaz de Buber e uma paródia do seu estilo, se é que podemos chamar de publicação esses poucos exemplares que serviam para divulgar nossas idéias. A reação de Buber foi surpreendente: ele nos convidou a visitá-lo. Sua posição quanto à guerra me deixara bastante irritado, principalmente como a expôs num artigo intitulado "Kinesis", publicado no *Neue Merkur*, uma revista mensal muito boa, se bem que de pouca duração. Também não havia esquecido um artigo que de certa forma me fez cair na realidade, escrito por um discípulo de Buber, Heinrich Margulies (que entretanto havia se afastado do mestre, aderindo aos seus adversários que pregavam um sionismo político). Furioso como estava, fiz várias acusações contra Buber, que na época tinha o dobro da minha idade. Brauer, que era muito tímido, não disse uma palavra. Buber portou-se de forma admirável, tratou de responder com toda a serenidade às minhas colocações e não deixou de sugerir que havia mudado de posição. Como pessoa deixou-me uma forte impressão, que os nossos encontros posteriores só vieram a reforçar. Contou-me também de uma revista prestes a ser publicada e editada por ele, *Der Jude* (*O Judeu*) – um título que sessenta anos atrás não ocultava uma certa dose de orgulho, perceptível tanto para judeus quanto para cristãos. Buber retomava o título de uma famosa revista editada havia oitenta anos, em plena luta pela emancipação dos judeus. Enquanto Gabriel Riesser e seus colaboradores lutavam pela emancipação dos judeus como alemães, *Der Jude* de Buber, certamente a melhor revista judaica já editada em língua alemã, lutava pela emancipação dos judeus enquanto judeus, como um povo entre outros povos. Buber me propôs enviar colaborações a essa revista, e espalhados entre o primeiro e o último número estão vários trabalhos meus da juventude, entre estes os primeiros ensaios sobre a Cabala, alguns textos e poesias traduzidos do hebraico. Por maiores que fossem as nossas divergências, sempre o tive em alta consideração, o respeitava e admirava. Estive várias vezes com ele durante esses anos, antes de emigrar, e Buber seguia atentamente os passos do meu desenvolvimento. Não deixei de perceber suas debilidades, mas a lembrança de tantas conversações que mantivemos sobre o hassidismo e a Cabala, quando me dediquei a estudar as fonte no original, como também as expectativas que ele depositava em mim criavam um contrapeso às críticas, em sua maior parte negativas, de Walter Benjamin.

Durante a guerra, e especialmente em 1916 e 1917, quando estive muito ativo, aconteceu uma porção de coisas. Os estudos e as atividades sionistas me puseram em contato com muitas pessoas dos círculos mais diversos. No verão de 1916 passei um bom tempo fora de Berlim, em Heidelberg e Oberstdorf na região do Allgäu, porque o médico da família, o irmão mais jovem de meu pai, cismou que eu estava neurastênico. Esse diagnóstico correspondia aproximadamente a um famoso dito popular berlinense da época: "Nada de correria, nada de letargia e assim você não terá nunca neurastenia". Talvez ele tivesse sido influenciado pelo fato de terem me dispensado duas vezes do serviço militar.

Certa vez, fui assistir à aula inaugural de Ernst Troeltsch, que passara da Faculdade de Teologia para a de Filosofia. Versava sobre filosofia das religiões, um tema que me interessava muito. Num auditório lotado, o acaso me levou a sentar-me ao lado de uma dama de uns trinta e cinco anos de idade que chamou a minha atenção tanto pela beleza morena que saltava à vista e a sua postura quanto pela sua maneira de fazer anotações. Com uma letra grande e usando uma quantidade incrível de pontos de exclamação e de interrogação, ela rabiscava num entusiasmo febril algumas observações, registrando seu protesto contra a exposição "bastante simplista", embora "muito culta" de Troeltsch. Sua fisionomia refletia fortes emoções e o mesmo podia-se dizer das suas explosões expressivas por escrito, que eu não podia evitar de acompanhar de soslaio. E foi assim que fiquei conhecendo Grete Lissauer, a esposa de um professor da Faculdade de Medicina de Königsberg que fora convocado para o exército, uma entusiasta pacifista e defensora dos direitos femininos, com quem me encontrei várias vezes em Heidelberg no verão seguinte. Ela me apresentou a algumas estudantes judias que, sendo de famílias totalmente assimiladas e em parte até batizadas, haviam "descoberto" o seu lado judeu, sem saber direito o que fazer então. Toni Halle era uma delas. Filha de um dos poucos juízes que ocupavam uma alta posição na Prússia sem ser batizado, ela estava terminando o curso de germanística na universidade e lhe parecia bastante suspeita a questão da assimilação dos judeus. Ela participou de um seminário de Jaspers, que por estar preparando a sua *Psychologie der Weltanschauungen* (*Psicologia das Cosmovisões*), gostava de informar-se sobre os fenômenos psicológicos mais remotos. Quando lhe perguntei o que ela estava fazendo no seminário, sua resposta foi: "Estou escrevendo um trabalho sobre o hassidismo". Fingindo uma certa ingenuidade, indaguei o que ela sabia sobre o assunto. "O que consta dos livros de Buber, é claro." "Mais nada?" "Bem, tem mais alguma coisa sobre isso?" E assim começou a nossa amizade. Acabei convencendo-a a aprender hebraico. Toni Halle foi para Israel alguns anos depois de mim e embora seus conhecimentos de hebraico continuassem sofríveis, fundou um colégio muito progressista, tornando-se uma das professoras mais conceituadas e influentes do país. Um destino semelhante teve Käthe Holländer, a quem Grete Lissauer uma vez se referiu, conversando comigo, nos seguintes termos: "Veja bem, olhe bem para ela, é uma perfeita beduína só que com a roupa errada, com trajes europeus". Käthe vinha de uma família batizada de Naumburg e se convertera ao judaísmo pouco antes de eu conhecê-la, o que muito desagradou a seus pais. Depois de estudar matemática, foi trabalhar como professora num ginásio judaico na Lituânia, onde se casou com um escritor hebreu. Também mudou-se depois para Israel. Através dos relatos dessas e de outras colegas que vinham de um meio onde a assimilação chegara ao máximo, quando não havia ultrapassado seus limites, consegui compreender melhor a situação dos judeus na Alemanha. Uma terceira estudante que conheci por intermédio de Grete Lissauer representava um caso diferente. Valeria Grünwald, estudante de medicina nascida em Erfurt, era filha de húngaros. Seus pais tratavam de compensar a origem estrangeira exagerando no patriotismo alemão, levando as duas filhas a se revoltarem contra isso. Elas foram as minhas primeiras alunas de hebraico. Quanto a Grete Lissauer, eu diria que ela flutuava nas mais altas esferas entre os ideais da humanidade e um forte sentimento de orgulho judeu. Durante todo o tempo em que mantive contato com ela, trabalhava na elaboração de um drama intitulado *Aspasia*, escrito em estrofes de cinco versos jâmbicos, no qual pretendia retratar, através dessa figura clássica, o seu próprio ideal e suas angústias. Às vezes ela lia alguns trechos para nós, à tarde, e depois saíamos a passear pela colina que levava ao castelo da cidade. Em sua casa conheci o primeiro judeu que se tornara católico por convicção. Só que isso eu não sabia na época em que me relacionei com ele. Por isso, li com grande interesse o primeiro livro recém-publicado de Max Fischer, *Heinrich Heine, o Judeu Alemão*, que me pareceu uma boa análise feita por um alemão que se dedicara seriamente a refletir sobre os judeus e a figura de Heine, ficando admirado com a capacidade crítica demonstrada por um alemão. Três dias antes de eu deixar Heidelberg, ele me confessou que havia se convertido ao catolicismo e que escrevera o livro da perspectiva de um judeu convertido. Grete Lissauer morreu como comunista convicta em Moscou, em meados da década de 20.

No período em que estive em Heidelberg, fui várias vezes visitar Buber que havia se mudado para Heppenheim. Discuti com ele a respeito da minha colaboração e sobre as várias críticas que eu tinha a fazer aos primeiros números da revista. Certa vez, Buber e sua esposa ficaram furiosos comigo (ela que nutria uma certa simpatia por mim e sempre me tratou muito bem), quando apareci para tomar café com eles e fiz uma observação petulante e depreciativa sobre Georg Simmel, a quem ambos tinham em alta estima e de quem era proibido falar mal naquela casa. Numa dessas visitas, Buber me contou de umas reuniões das quais participara ativamente com um grupo de moços e moças de Berlim, todos muito interessados pela problemática judaica e social. Este grupo havia decidido montar uma espécie de Lar Judaico, que seria inaugurado no verão, mais precisamente na Dragonerstrasse, região onde viviam muitos judeus orientais, entre estes várias famílias de refugiados de guerra provenientes dos territórios do Leste. Segundo me disse Buber, eram jovens sionistas que influenciados pelas idéias russas de *Narodnaja Wolja*, de "entrar no seio do povo", pretendiam iniciar um trabalho justamente nesse bairro marcado pela pobreza e pela prostituição, com o intuito de ajudar as pessoas e aprender com elas. Buber sugeriu que eu desse uma olhada no projeto, quando retornasse a Berlim, e talvez fosse conveniente participar também. Seu líder era Siegfried Lehmann, um estudante de medicina muito conhecido nos meios universitários judeus como "sionista cultural" (em oposição ao sionismo político). Lehmann mantinha estreitas relações com a ala social-política da Associação Livre Acadêmica, encabeçada por Ernst Joël, que defendia posições semelhantes. Essa organização mantinha um conjunto de casas num bairro operário de Charlottenburg, onde se realizou aquela discussão com Kurt Hiller a que compareci e à qual se reporta minha amizade com Walter Benjamin, conforme descrevi no livro sobre Benjamin.

As crianças judias que eram atendidas sobretudo por um grupo de moças evidentemente não participavam das discussões, pois a essa hora estavam com seus pais em casa. Quem se reunia para conversar e ouvir palestras eram, os jovens que ali realizavam o trabalho social do projeto, bem como alguns amigos da causa. Entre estes havia principalmente vários intelectuais russos judeus que estudavam ou trabalham em Berlim. Quanto às pessoas que exerciam alguma função prática no Lar, eram quase todos judeus nacionalistas do Ocidente, com conhecimentos rudimentares de assuntos judaicos mas muito dedicados ao trabalho que faziam, embora não tivessem uma concepção clara. Em meio àquele culto do judaísmo oriental a que me referi, os exilados judeus da Rússia, por serem quase todos pessoas muito cultas, gozavam de grande prestígio entre os jovens que podiam recorrer aos seus conselhos. Tive a oportunidade de conhecer bastante bem algumas dessas personalidades notáveis. De sua parte eles cumpriam essa função de bom grado, entre outros motivos porque ali se reuniam várias moças bonitas e encantadoras. Entre estas destacava-se indiscutivelmente a que devia ser a mais velha e tinha uns trinta anos, deixando em todos uma forte impressão. Era a Srta. Gertrude Welkanoz, chamada simplesmente de Gertrude, pessoa de uma dignidade, uma autoridade tão natural que faziam dela realmente uma figura muito especial. Parece-me que ela era a única com curso de assistência social, o que aliás era um absurdo; mas isso não era nada comparado à sua magia, à incrível influência que exercia sobre as demais. Considero uma grande perda para a construção de Israel que ela não pudesse ir à Palestina por motivos pessoais – Gertrude Welkanoz casou-se com o antiquário Ernst Weil, um anti-sionista convicto.

Quando fui ao Lar Judaico pela primeira vez, presenciei uma cena estranha. Visitantes e auxiliares estavam sentados nas cadeiras; as moças estavam todas no chão, sentadas em volta de Gertrude com suas saias rodadas formando um quadro que chegava a ser estético, como se estivessem posando para algum pintor. Entre elas encontrava-se Felice Bauer, a noiva de Franz Kafka, o que só soubemos posteriormente. Siegfried Lehmann lia poemas de Franz Werfel e em minha memória é como se ainda ouvisse a *Gespräch an der Mauer des Paradses* (*Conversa ao Pé do Muro do Pa-*

*raíso*). E não obstante fiquei chocado. Reinava uma atmosfera de êxtase estético que era a última coisa que eu esperava encontrar ali. Não fora por isso que eu viera. Após a leitura, anunciaram que outro dia Lehmann faria uma palestra sobre "A Questão da Educação Religiosa Judaica". Estava curioso para saber o que ele teria a dizer sobre o assunto, mas ao mesmo tempo bastante cético. Nesse meio tempo, tornei a ir ali e mais uma vez não me agradou o ambiente, como também não me agradou uma discussão que presenciei – discussão travada aliás com toda a seriedade – sobre uma questão que mais me parecia uma brincadeira, uma piada: se deveriam ou não pendurar numa das salas a reprodução de um famoso quadro retratando a Virgem Maria. E isso num lar para crianças pobres mas de famílias judias ortodoxas do Oriente, aonde os pais viriam todos os dias buscar seus filhos à tarde. Entre os presentes encontrava-se o Dr. Jacob Grommer, um matemático de primeira grandeza, de aproximadamente trinta e cinco anos e que fora acometido de elefantíase havia alguns anos. Devido à enfermidade, ele ficara com o rosto quadrado, uma expressão muito séria e quase não conseguia falar. Homem extremamente alto, Jacob Grommer fora uma criança prodígio quanto ao Talmud. Quando se dedicou à matemática, todos esperavam que ele se tornasse um grande cientista. Sua doença, que entretanto estacionara, deixou-o entregue a si mesmo, mas alguma coisa levava-o a freqüentar o Lar, onde era muito respeitado pelos seus profundos conhecimentos sobre o judaísmo. Bastaram algumas frases suas, pronunciadas com uma voz áspera e quase ininteligível, para pôr fim àquela discussão absurda.

Fui à palestra de Lehmann que provocou um forte protesto de minha parte pois percebi a falta de seriedade desse grupo que se dedicava a "interpretar as interpretações de Buber sobre o hassidismo, sem qualquer base na história do judaísmo", como formulei então no meu Diário. Uma semana depois, houve uma discussão bastante acalorada sobre a dita palestra, na qual intervimos, sobretudo Lehmann e eu. Propus que em vez de se perder tempo com baboseiras literárias e outras tolices, nos puséssemos a aprender hebraico para ir às fontes do judaísmo, e como era de se supor, minha posição deixou Lehmann ressentido. Esta discussão nos levou a travar uma disputa acirrada por correspondência, o que culminou com o meu afastamento do Lar Judaico. Ainda conservo essas cartas que Walter Benjamin pretendia publicar em 1923 na revista que estava idealizando, intitulada *Angelus Novus*. O que eu não podia saber é que Felice Bauer contara a Kafka sobre a palestra de Lehmann e o caloroso debate que a sucedeu. Como descrever-lhes o meu assombro quando as cartas de Kafka a Felice Bauer foram publicadas, cinqüenta anos mais tarde, e li que Kafka se colocou decididamente do meu lado: "O debate que você me relatou é característico e meu espírito sempre tende a propostas como as do Sr. Scholem, que exigem o máximo, e ao mesmo tempo praticamente nada. O valor de tais propostas não pode ser avaliado pelo resultado efetivo que provocam. A propósito, digo isso em sentido geral. Em si, a sugestão de Scholem não é impraticável". Foi preciso um protesto irônico de minha parte para que retificassem o equívoco de me confundirem com o autor de obras clássicas em ídiche, já falecido na época em questão e bem mais famoso, Scholem Alechem. Tempos depois, Lehmann teve uma atuação muito louvável em termos de assistência social em Kovno e Israel, onde fundou e dirigiu até sua morte a aldeia infantil Ben Schemen. No entanto, como teórico da educação judaica foi vago até o último momento, sem nunca afastar-se das antigas idéias de Buber, de uma "religiosidade sem religião".

Pouco depois de Kafka escrever essa carta, li no Almanaque *Der jüngste Tag* (*Juízo Final*) o seu conto *Vor dem Gesetz* (*Perante a Lei*) que me impressionou muito, como também a muita gente da minha geração e me levou a acompanhar sua obra, as poucas coisas publicadas antes de sua morte. Aos meus olhos a obra de Kafka não se compara a nenhuma outra em importância, tratando-se de literatura moderna.

Por intermédio de Walter Benjamin conheci nesse mesmo inverno mais uma pessoa extraordinária, com quem mantive contato até emigrar e a quem também ensinei os primórdios do hebraico. Trata-se de Erich Gutkind (1877-1965). Gutkind escapou do nazismo refugiando-se nos Estados Unidos e sempre que eu ia a New York não deixava de visitá-lo, mesmo quando ele já estava com uma idade bastante avançada, num apartamento de uma pobreza indescritível, no último andar do Master Hotel no Riverside Drive. Seus pais estavam entre os judeus mais ricos de Berlim e eram proprietários de uma·mansão situada em frente à de Rathenau\*, onde a mãe de Gutkind residiu até o final de seus dias. Por motivos que escapam ao meu conhecimento, Gutkind já não desfrutava de toda essa riqueza quando o conheci. Voltado completamente para o misticismo, ele havia estudado quase todas as ciências para descobrir o seu sentido secreto, sem ter noção alguma do judaísmo, estando a ponto de converter-se ao catolicismo. Pouco antes da Primeira Guerra Mundial, publicou o tratado místico *Siderische Geburt* (*Nascimento Sideral*), que testemunha inequivocamente o seu empenho nesse sentido. A repercussão do livro mostrou que ele não era o único interessado na tentativa de dar uma dimensão mística às ciências modernas. Gutkind gostava dos superlativos tanto por escrito como oralmente, e sua exaltada maneira de se expressar (nas conversas ele incluía termos coloquiais berlinenses numa mescla bastante estranha) prejudicou bastante a obra em termos de clareza. Erich Gutkind era o membro menos conhe-

---

\* Emil Rathenau, grande industrial alemão, foi um dos fundadores da AEG e sócio de Werner von Siemens, tendo falecido em 1915. Seu filho, Walther Rathenau, foi industrial e político. (N. da T.)

cido do Grupo do Forte, que incluía nomes como Frederik van Eeden, Buber, Walther Rathenau, Theodor Däubler, Paul Bjerre, Christian Florens Rang e mais três ou quatro outros. Em 1913-1914, eles se juntaram com um propósito que me pareceria inacreditável, se pessoas tão diferentes como Buber e Gutkind não me tivessem confirmado de viva voz: que um pequeno grupo de pessoas, convivendo durante um determinado período em plena espiritualidade e entregues a um livre intercâmbio criativo de idéias, criaria uma espécie de comunidade etérea, inspirada, que talvez conseguisse – para dizê-lo francamente em linguagem esotérica – tirar o mundo do seu eixo. Gutkind me mostrou uma vasta correspondência entre as pessoas que estavam em cogitação para fazer parte da experiência. Segundo ele, o plano não fracassou devido ao irrompimento da Primeira Guerra Mundial que impediu o encontro decisivo no Forte dei Marmi (como afirmam algumas fontes literárias atualmente). Basicamente, o plano fracassou em abril de 1914, quando o grupo esteve reunido durante uma semana em Potsdam. Ele me contou coisas muito curiosas deste círculo espiritualista/aristocrático/anarquista e daquele encontro em Potsdam, do qual participou.

Quando conheci Gutkind e sua esposa Lucie no outono de 1916, ele havia redescoberto o judaísmo, ou melhor: tomado pela sensação de pertencer a esse mundo até então desconhecido, Gutkind estava disposto a aprofundar-se no assunto. Morava em Nowawes, perto do Lago Neubabelsberg, e ali o visitei várias vezes, ensinando-lhe hebraico durante alguns meses. Logo percebi que ele não conseguiria atingir esse objetivo, atolado que estava na sua retórica mística, mas eu gostava muito dele como pessoa (embora não tanto de sua mulher). Estabeleceu-se entre nós uma relação de muita confiança. Desde as primeiras conversas com ele até seus últimos anos de vida, ele se debatia com a questão do ritual religioso, assunto de inúmeras discussões entre nós. Enquanto essa questão não interessava a Benjamin por exemplo, para Gutkind tornou-se cada vez mais importante e por pouco não o levou a aderir aos *hassidim* de Lubawitsch, concentrados no Brooklyn. Logo após a Primeira Guerra, ele assumiu a direção do Lar Judaico, notícia que me chegou quando eu estava na Suíça e me deixou assombrado. Mas não permaneceu muito tempo no cargo, pois seus colaboradores, que não queriam saber dos discursos de Gutkind sobre a necessidade do ritual também no trabalho que faziam, acabaram se revoltando contra ele. Gutkind era muito amigo de Rang, que compartilhava algumas de suas posições, principalmente no que se referia ao gnosticismo, com a única diferença de que Rang era espiritualmente muito superior ao amigo. Também foi Gutkind que apresentou Rang a Walter Benjamin, que depois passaram a nutrir uma grande amizade um pelo outro. Foi graças à biblioteca de Gutkind que me inteirei de vários textos místicos estranhos, embora não possa afirmar que tenha lido tudo o que havia ali. Essa biblioteca também enriqueceu verdadeiramente a minha formação filosófica, ao me proporcionar a leitura de uma velha obra de Jaesche sobre o panteísmo filosófico, muito bem escrita e em vários volumes, obra que naquela época praticamente caíra no esquecimento.

## A PENSÃO STRUCK (1917)

No início de 1917, meu pai e eu tivemos uma séria desavença. Meu irmão Werner sofrera um ferimento no pé, no ano anterior, durante a campanha na Sérvia, e passou um bom tempo no hospital militar de Halle, cidade à margem do Rio Saale. Quando já estava quase curado, embora mancasse um pouco, aproveitou a oportunidade para entrar em contato com alguns correligionários, pois nesta cidade a ala minoritária do Partido Social Democrata era bastante forte. No dia 27 de janeiro, um feriado oficial pois era a data de aniversário do imperador, Werner participou de uma manifestação contra a guerra organizada pela extrema esquerda e acabou preso, acusado inicialmente de traição à pátria (ele comparecera uniformizado!), o que depois foi alterado para "crime de ofensa a Sua Majestade". Dois dias depois, mandou me avisar através de um conhecido. Quando me inteirei de que ele seria acusado de traição à pátria, imaginei imediatamente o escândalo em casa. Peguei todos os meus papéis, principalmente os meus diários e levei-os à casa de meu amigo Heller. Passaram-se mais de dois dias e meu pai recebeu a notificação oficial das autoridades, dizendo que seu filho fora preso e seria julgado perante um tribunal militar, sob a acusação de traição à pátria. A cena à mesa, na hora do almoço, foi terrível. Quando me atrevi a discordar ligeiramente de suas afirmações, meu pai teve um ataque de fúria. Disse que já não agüentava mais Werner e a mim, que a social-democracia e o sionismo eram a mesma coisa, agitação antialemã que ele não estava disposto a tolerar em sua casa, e que portanto não queria mais me ver. No dia seguinte, ele me entregou uma carta exigindo que eu saísse de casa no dia 1º de março, e que tratasse de ver como é que eu ia me arrumar. Recusava-se a ter qualquer tipo de relação comigo, e dizia que como eu tinha dezenove anos, legalmente ele não era obrigado a me manter. No dia 1º ele me daria cem marcos e ponto final.

Foram dias de muita agitação. Eu estava decidido a acatar a expulsão e não me deixar envolver nas tentativas de mediação que certamente viriam. A notícia logo se espalhou no grupo Jovem Judá e no *Jüdische Rundschau*. O redator-chefe do jornal naquela época era o dr. Max Meyer, um judeu bávaro cujas posições coincidiam com as minhas em sua maior parte e uma das poucas pessoas que se aprofundaram no estudo do hebraico. Assim a notícia também chegou ao meu amigo Salman Rubaschow, ao qual logo irei me referir. Rubaschow disse: "Um mártir do sionismo! É preciso fazer alguma coisa por ele!" Ele me procurou, dizendo: "Não se preocupe, você pode se mudar para a pensão onde moro. Vou providenciar para que você tenha um bom quarto e pague um preço bem baixo". Na minha situação, achei uma ótima proposta.

E assim fui parar na Pensão Struck, situada em Schmargendorf, no fim da Uhlandstrasse, onde residi até ser chamado para o serviço militar, aliás a única vez em que morei na zona oeste de Berlim. A Pensão Struck era realmente única. Sua dona, uma parente distante do pintor Hermann Struck, administrava a pensão seguindo estritamente os preceitos religiosos e isso porque sua clientela constituía-se quase que exclusivamente de judeus orientais que havia muito já não se importavam com a observância das leis alimentares. Tratava-se, na maior parte, daqueles intelectuais russos judeus que eu conhecera pessoalmente através do grupo Jovem Judá ou do Lar Judaico. Uma jovem vinda de uma comunidade religiosa do sul da Alemanha e eu éramos ali os únicos judeus alemães. À hora das refeições ouvia-se alemão com sotaque russo, ídiche e hebraico tudo misturado. Vários hóspedes pertenciam ao partido socialista-sionista Poale Zion, que dera uma fundamentação marxista ao seu sionismo. Era um ambiente puramente sionista, mas como havia as mais variadas tendências entre os integrantes do movimento (havia, por exemplo, defensores do ídiche e opositores) o que não faltava eram calorosas discussões políticas e intelectuais. Toda essa mescla resultava numa comunidade altamente interessante. Na qualidade de único "berlinense autêntico", todos me tratavam com muita amabilidade, embora me encarassem como um bicho exótico. Naquela época já havia escassez de alimentos (estávamos no fim do famigerado "inverno dos nabos"), mas a Sra. Struck era uma viúva que sabia economizar e administrar sua despensa. De vez em quando havia um bolo no armário da cozinha, servido a altas horas da noite. É que vários hóspedes seus apreciavam discussões noturnas, que às vezes se prolongavam até às duas da madrugada. A figura central na Pensão Struck era Salman Rubaschoff (ou Rubaschow), de vinte e sete anos, que depois se tornou conhecido, como presidente de Israel, sob o nome Schneur Salman Schasar. Arthur Koestler baseou-se nele ao batizar o herói do seu romance sobre os processos de Moscou, *Darkness at Noon*. Rubaschowff era de uma família hassidista russa muito conceituada, mas que já se tornara permeável ao Iluminismo, e aos dezesseis anos era o garoto prodígio do Poale Zion. Era muito dedicado a todas as questões judaicas, sobretudo à história do judaísmo. Viera à Alemanha em 1912, para estudar história com Friedrich Meinecke em Freiburg. Preso como estrangeiro inimigo assim que irrompeu a guerra, ele foi posto em liberdade junto com vários outros judeus russos em 1915, quando as organizações judaicas na Alemanha conseguiram convencer o governo alemão – no que aliás tinham toda a razão – de que eles eram inimigos do regime russo e não da Alemanha, e que de fato eram favoráveis à Alemanha. Assim Rubaschow veio para Berlim, onde tinha que se apresentar à polícia duas vezes por semana, e onde acabou trabalhando no *Jüdische Rundschau* como especialista em todas as questões judaicas por falar fluentemente hebraico, ídiche e russo. À parte desta função, desenvolveu uma intensa atividade como orador nas reuniões da juventude sionista e da Associação Judaica Perez de Aperfeiçoamento do Trabalhador que funcionava no mesmo prédio do Lar Judaico, onde se encontravam os operários judeus orientais, sionistas e antisionistas, que haviam feito uma trégua enquanto durasse a guerra.

Como orador era arrebatador, falava como em estado de êxtase e não havia quem se comparasse a ele. Começava devagar e baixo para cair numa espécie de transe após uns dois ou três minutos, quando então soltava toda a sua voz, acompanhando seu discurso de uma gesticulação que parecia dizer mais do que as suas palavras. Suas frases fluíam num tom dramático o tempo todo, mesmo que levasse uma ou duas horas falando até concluir o seu discurso. Depois da façanha, ficava completamente exausto e ia descansar num café ou na cozinha da Pensão Struck, onde aos poucos se integrava às discussões que iam se entabulando. Nunca havíamos ouvido um orador como ele: era realmente um fenômeno. E o mais curioso é que tinha o que dizer. Quer discorresse sobre críticas à Bíblia, sobre algum tema da história do judaísmo – sobretudo sobre a história do movimento operário judaico –, sobre escritores e poetas que se expressassem em hebraico ou ídiche ou sobre as tarefas que enfrentaríamos na construção de uma nova sociedade na Palestina, após a guerra, Rubaschow tinha substância, sabia do que falava. Eu o ouvi pronunciar palestras em três idiomas: alemão, ídiche e hebraico, e cada vez ele nos surpreendia. Causava uma profunda impressão na Alemanha, mas para ser sincero devo dizer que essa imponência sua como orador, que de modo algum era encenada ou artificial, não surtia o mesmo efeito em Israel. Os judeus oriundos do Leste da Europa não gostavam do seu estilo. Talvez já tivessem ouvido oradores semelhantes em seus países de origem, o que os levava a rejeitar esse tipo de retórica, por mais que ela soasse maravilhosamente em hebraico e merecesse, pelo contrário, aplausos.

Nessa época, morávamos em quartos vizinhos, no andar térreo da Pensão Struck. Antes das onze da manhã era impensável conversar com Rubaschow. Deitava-se sempre muito tarde, lia ou escrevia poesias e só lá pelo meio-dia aparecia na redação do jornal. No entanto, à hora do almoço ou de noite resplandecia em todo o seu vigor. Mal ficara acertado que eu me transferiria para a pensão e ele já estava preocupado com a minha subsistência, como eu iria me manter. Veio ter comigo e me disse: "Nós já arranjamos uma solução! Em New York acaba de sair a segunda edição ampliada de um livro em memória daquelas sentinelas que caíram na Palestina defendendo as povoações judaicas antes da [Primeira] Guerra – todos eles pertenciam ao movimento operário sionista – e nós recebemos um exemplar. [Em 1914 esse livro fora publicado em hebraico em Jaffa, numa versão bem reduzida.] Agora, alguns companheiros expulsos da Turquia em 1915 por se recusarem a tornar-se cidadãos otomanos publicaram o livro em ídiche, numa edição bem mais ampla. Você é o homem certo para traduzi-lo ao alemão! Buber escreverá o prefácio [Buber chamava isso de apresentação, usando um termo alemão em desuso, *Geleitwort*]. Já conseguimos um editor e o Dr. Aron Eliasberg pagará o honorário da tradução, de modo que você terá dinheiro para viver durante uns meses". Esse livro que ainda conservo fora redigido por dois líderes operários completamente desconhecidos fora do círculo do partido Poale Zion: David Ben-Gurion e Jizchak Ben-Zvi. Para variar um pouco, os dois inventaram vários pseudônimos a quem atribuíram parte dos artigos. Perguntei a Rubaschow como é que eu ia traduzir do ídiche. "O quê? Há pouco você arrasou com o Alexander Eliasberg [o primo de Aron] no *Jüdische Rundschau* por causa de uma péssima tradução do ídiche!" "Sim, mas isso é bem diferente", respondi. "Bobagem sua", replicou Rubaschow, "você sabe hebraico, isso é do meu conhecimento e portanto pode traduzir diretamente do hebraico os textos escritos originalmente nesse idioma. Eu tenho um exemplar. Quanto ao alemão não é preciso prova nenhuma dos seus conhecimentos. O médio-alemão você aprendeu no colégio, você não recitou para mim as poesias de Walther von der Vogeheide? Quanto aos termos eslavos, é só me perguntar, afinal, nós somos vizinhos. Portanto, aí você tem o seu ídiche." E foi assim que me dediquei três horas por dia, durante quase três meses, ao trabalho, meu primeiro livro publicado anonimamente em 1918: *Jiskor – um Livro em Memória das Sentinelas e Trabalhadores Caídos na Terra de Israel. Edição Alemã.* (Com a palavra *Jiskor*, "Ele recorda", começam as orações na sinagoga, em homenagem aos mortos.) Eu disse que meu nome não foi publicado. Pois eu ainda era bastante jovem, exaltado e provavelmente um tanto teimoso. Como em alguns artigos certas frases me parecessem demasiado militaristas, escrevi a Buber dizendo que não admitia a publicação do meu nome como tradutor de coisas como essas, tão contrárias à minha consciência. Minha atitude provocou uma certa inquietação, pois Buber afirmou que então todos pensariam que ele fosse o tradutor. Afinal a tradução figurou como sendo de um hipotético N.N., o que resolveu o problema. O livro continha alguns artigos excelentes, sobretudo de J. Ch. Brenner, uma das cabeças mais brilhantes do judaísmo russo e do movimento operário judaico em Israel, que acabou assassinado pelos árabes em 1921, durante os distúrbios de maio. Mas também incluía uma boa dose de sentimentalismo, destinada a ativar as glândulas lacrimais, no que foi bastante eficaz, pois o livro encontrou muitos leitores e leitoras, tanto na edição alemã quanto na polonesa. Assim, tornei-me o primeiro tradutor alemão de David Ben-Gurion, a quem só fui contar este episódio, para surpresa sua, quando estava completando oitenta e cinco anos de vida.

Antes da publicação do *Jiskor* ainda houve um outro incidente. Victor Jacobsohn, um dos cinco membros da Executiva Sionista e que fazia a ligação entre Londres e Berlim a partir de Copenhague, ouviu falar do assunto e veio procurar Rubaschow. Na sua opinião o livro não devia ser publicado de jeito nenhum, uma vez que nos traria grandes dificuldades com as autoridades turcas que evidentemente não liam em ídiche mas acabariam tomando conhecimento do assunto através da edição alemã. Além do mais, algumas partes eram bastante sangrentas, o que coincidia com a minha opinião. Depois de muitas discussões sem chegar a uma conclusão, resolveu-se levar a questão a Buber, que então gozava de uma grande autoridade nos meios sionistas. Quando ambos haviam exposto os prós e contras, Buber levantou-se, dirigiu os olhos para o alto e disse apenas: "Eu recebi essa missão". E assim publicou-se o livro.

Rubaschow era um sionista marxista, o que não o impedia de manter, já naquela época, as melhores relações com Deus. Ao não ser mais usada como meio de oprimir e explorar as massas, a religião cumpriria o seu verdadeiro destino numa sociedade livre. Motivados por seus cursos e palestras, muitos esperavam que ele abrisse o caminho para uma nova interpretação dos movimentos messiânicos no judaísmo. Quando as pesquisas que realizei através dos anos me levaram a esse terreno, eu mesmo esperei por muito tempo que Rubaschow escrevesse uma obra, correspondendo às expectativas nele depositadas, antes de começar por minha vez a publicar meus trabalhos. Contudo, sua ambição política foi mais forte que a científica, impedindo-o de desenvolvê-la. Rubaschow escreveu uma série de ensaios bonitos e até comoventes sobre pessoas e episódios da história judaica, principalmente do movimento operário. Porém escreveu-os mais sob a óptica de um socialista romântico do que de um pesquisador.

Em maio de 1917 recebi ordens de me apresentar às fileiras no dia 18 de junho, depois de ter sido recrutado em março, quando a inspeção me considerou "apto a ser utilizado na guerra", destinando-me à infantaria. Por mais que lhe fosse difícil levantar-se às cinco da manhã, Rubaschow fez questão de me acompanhar até o quartel na General-Pape-Strasse. No portão de entrada, ele me abraçou à moda dos russos, dando-me dois beijos no rosto. Colocou na minha mão algo pequeno e preto e se despediu com tristeza nos olhos. O que ele me havia dado era uma edição em miniatura dos salmos em hebraico, na qual ele escrevera apenas o verso: "Que Deus te proteja de todo o mal e proteja tua alma". Desde então, esse livrinho preto e minúsculo sempre me acompanhou em todas as minhas viagens, por todos os caminhos que trilhei. Nunca interrompemos o contato, e cinquenta anos depois fomos novamente vizinhos, morando na mesma rua em Jerusalém. No final das nossas "carreiras" bastante diferentes, acabamos assumindo funções de representação paralelas e até certo ponto semelhantes, funções com as quais nem sonhávamos nos tempos da Pensão Struck em Berlim: ele como o terceiro presidente do Estado de Israel, eu como o terceiro presidente da Academia Israelense das Ciências.

Nos meses que antecederam a minha convocação, conheci o grande escritor hebreu S. J. Agnon, a quem estive unido por uma grande amizade, até o seu falecimento. Várias vezes eu já o avistara no salão de leitura da biblioteca da comunidade judaica, onde ele consultava incansavelmente o fichário das publicações em hebraico. Um dia lhe perguntei o que é que ele procurava com tanto afinco por lá. Respondeu-me com um olhar ao mesmo tempo franco e irônico: "Livros que eu ainda não li". Era de estatura média e então muito magro, um jovem quase macilento e de traços bem marcantes. Só mais tarde, quando comecei a ter contato com ele é que engordou em conseqüência de uma enfermidade dos rins, e sua figura ficou mais encorpada. Fui apresentado a ele na casa do seu primeiro tradutor alemão, uma pessoa que me parecia muito interessante e simpática. Max Strauss, irmão do escritor Ludwig Strauss, era um advogado de enorme talento, e isso que não tinha nem trinta anos, uma pessoa muito sensível e de bela aparência. Eu diria que a sua extraordinária aparência estragou-o, pois tudo lhe era muito fácil e assim ele não precisava fazer o mínimo esforço. Quando foi publicada a minha acirrada polêmica com Alexander Eliasberg, bastante conhecido então como tradutor do russo e que fizera uma tradução do ídiche à qual podia-se dizer que faltava tudo, Max Strauss me telefonou em janeiro de 1917, convidando-me a visitá-lo, já que ele próprio estava às voltas com uma difícil tradução. Fui à sua casa e fiquei contente ao encontrar um correligionário com idéias bem próximas às minhas em todas as questões que preocupavam os sionistas naquela época. Ele também tinha uma posição radical quanto ao judaísmo na Alemanha e ao seu futuro, mas defendia seu parecer com grande serenidade e compostura, o que me era incompreensível, mas poupava-lhe o envolvimento em violentos choques que marcavam o meu caminho. Três meses antes de irromper a guerra, fora à Palestina com sua jovem esposa, com a intenção de lá permanecer, mas a guerra o obrigou a retornar, assim como aconteceu com a maioria dos sionistas vindos da Alemanha. Havia estudado hebraico sistematicamente durante vários anos, mas como não se sentia muito seguro na linguagem dos rabinos, preferia consultar pessoas com bons conhecimentos nessa área e na realidade judaica. Tinha uma grande sensibilidade lingüística para o alemão e pretendia traduzir o primeiro livro de Agnon, publicado em Jaffa em 1912, a novela *Und das Krumme wird gerade* (*E o Torto Virou Direito*), de tal modo a manter, se possível, a cadência e a estrutura do hebraico de Agnon. Eu havia lido alguns trechos desse livro, trechos já publicados que achara muito interessantes. Desde então o visitei com maior freqüência e a minha expulsão de casa nos aproximou mais ainda. Ele sempre me falava de Agnon e acabou convidando-nos a ambos, um certo dia. Embora os dois fossem da mesma idade, Strauss tratava Agnon com a maior deferência e admiração, como se fosse um exemplar muito raro do gênero humano. Sendo Agnon uma pessoa incrivelmente sensível e complicada, esse tratamento especial se justificava.

Nascido em Buczacz, no leste da Galícia, uma cidadezinha judaica que ele imortalizou na literatura hebraica, Agnon vivera por quatro ou cinco anos em Israel, onde deixou de escrever em ídiche para adotar definitivamente o hebraico como seu meio de expressão literária, dirigindo-se à Alemanha em 1912. Sua intenção era permanecer no país por dois ou três anos e entrar em contato com os círculos literários. A guerra prolongou sua estada, de modo que ele só retornou a Jerusalém em 1924. Para Agnon, os judeus alemães produziam-lhe grande assombro, sendo portanto um objeto inesgotável para a sua observação crítica, embora tenha conquistado muitos corações na Alemanha. Tanto em suas intervenções como pelo seu caráter, era o oposto de Salman Rubaschow, cuja maneira de ser extrovertida não tinha nada a ver com Agnon. Distante das abstrações, vivia no plano imaginativo expressando-se somente através de narrativas e imagens, tanto em seus escritos como nas conversações. Toda conversa com ele logo se transformava numa narrativa, ou até em mais de uma, estórias sobre os grandes rabis e os judeus do povo, que ele contava com uma entonação fascinante e um toque de magia na sua linguagem vibrante, embora seu alemão fosse gramaticalmente incorreto. Nós nos demos muito bem. Para mim ele era uma nova e original personificação do caráter judeu e da tradição judaica (mesmo que naquela época ele nada tivesse de ortodoxo) e ele apreciou minha paixão, minha dedicação às fontes e a seriedade com quem eu estudava o hebraico.

Fazia questão de diferenciar o artista Agnon do ser humano. Quando me dirigi a ele empregando seu pseudônimo literário, ou seja Agnon, protestou: meu nome é Czaczkes. Agnon é um bonito nome literário, mas o que há de extraordinário num nome que ele mesmo inventou e que não está registrado nos livros sagrados, enquanto o nome Czaczkes, como tratou de me provar, constava entre os nomes místicos dos anjos no livro de Rasiel, um velho livro hebraico sobre angelologia. Sua argumentação não era muito séria, mas de qualquer forma ele insistiu na diferenciação até regressar a Jerusalém. Quando tornamos a nos encontrar em Israel, eu trabalhava na Biblioteca Nacional Judaica e lhe disse que lá ele seria registrado sob o nome de Agnon, e que não se admitiam reclamações.

Agnon estava envolto por uma aura de solidão, de tristeza existencial e uma doce melancolia. Escreveu muitos poemas sob o signo do isolamento. Quando moramos os dois em Munique, assim que terminou a guerra, ele leu para mim vários deles. Todos os seus poemas queimaram-se. Só escapou um que eu havia traduzido ao alemão e ficou guardado entre os meus papéis, na forma original e na versão.

Eu me lembro muito bem de uma noite em maio de 1917 em que Agnon leu uma de suas estórias no Clube Hebraico, freqüentado quase que exclusivamente por judeus russos, poloneses e da Palestina. Uns três ou quatro judeus alemães compareciam aos encontros, e eu era o único berlinense entre eles. *A Estória do Escrivão da Torá*, que ele nos leu essa noite, era uma das suas mais perfeitas narrativas. Ainda não fora publicada, mas Max Strauss já a traduzira ao alemão, no que aliás foi muito bem-sucedido. Ainda tenho presente a profunda impressão deixada por esse conto. É como se ouvisse a ressonância da voz suave e plangente de Agnon, que lia seu conto numa cadência monótona, como que cantarolando para dentro, e eu diria que era como se entoasse um salmo, afinal ele não recitava bem suas obras. E mesmo assim essa melodia de altos e baixos era a própria ilustração das "línguas talhadas como harpas", segundo expressou certa vez uma poetisa.

Os judeus russos que também moravam na Pensão Struck eram todos intelectuais, pela sua aptidão e caráter, homens esclarecidos e que se dedicavam a esclarecer os demais. Agnon, contudo, vinha de muito longe, de um mundo de imagens onde as fontes da imaginação brotavam com todo o vigor. Muitas de suas conversas eram de natureza profana, Agnon porém falava assim como os heróis de suas estórias e esse estilo expressivo tinha um encanto irresistível.

Nesse período Walter Benjamin já não se encontrava em Berlim. Após seu casamento no início de abril, ele ausentou-se da cidade por mais de três anos. Assim não pude apresentar-lhe estas duas pessoas que eu tanto apreciava, que de tão opostas representavam simbolicamente para mim os "judeus orientais", apresentação esta que eu bem gostaria de ter feito.

## IENA (1917-1918)

Meu serviço militar foi breve e turbulento, e não pretendo falar sobre isso. Como eu me rebelasse contra tudo o que ocorria por lá, dentro de pouco mais de dois meses fui dispensado como "psicopata" e enquadrado na categoria dos "temporariamente inaptos". Os médicos chamaram meu pai a Allenstein, onde eu estava fazendo um curso, e lhe disseram que o conflito familiar era em parte responsável pelo meu estado. Nós nos encontramos nessa ocasião e houve uma reconciliação, mas ficou estabelecido que eu continuaria morando sozinho. Decidi prosseguir meus estudos em Iena, para onde haviam se mudado vários conhecidos meus de Heidelberg, de forma que eu não estaria só.

Esse semestre do inverno de 1917-1918 também foi bastante intenso. Benjamin e sua esposa Dora entretanto estavam morando na Suíça e insistiram em que eu fosse vê-los. A intensa correspondência que trocamos nos meses seguintes aumentou desmesuradamente as expectativas que depositávamos um no outro. A universidade em si não oferecia muita coisa que me atraísse, mas Halle não ficava muito longe e de vez em quando eu podia visitar Werner que lá estava cumprindo uma pena de nove meses de prisão, depois de sair-se relativamente bem no processo que lhe foi feito por ofensa a Sua·Majestade, perante um tribunal de guerra. Na Universidade de Halle, onde meu irmão se matriculou enquanto reconvalescia, corria um processo de expulsão contra ele. Werner me levou a procurar o reitor em duas ocasiões, o conhecido filósofo liberal Hans Vaihinger, autor de *Philosophie des Als Ob* (*A Filosofia do Irreal*), a fim de defender os seus interesses perante ele, no que obtive êxito, se não me falha a memória. Ao inteirar-se de que eu estudava filosofia e estava lendo *A Crítica do Juízo*, de Kant, num curso particular dado por Bruno Bauch, Vaihinger me tratou com gentileza, conversando comigo sobre a obra de Kant, ele que havia escrito um amplo comentário sobre a *Crítica da Razão Pura* e era uma grande autoridade nesse terreno. Em nenhum momento ele mencionou que nessa época estava em aberto conflito com Bauch, conflito que culminou com a saída de um grupo nacionalista da Sociedade Kantiana, fundada e presidida por Vaihinger.

Como a matemática avançada fosse fraca em Iena, eu preferia estudá-la em alguns compêndios excelentes na matéria. O teólogo Willy Staerk lia salmos escolhidos perante um pequeno auditório e fazia-o muito bem. Tinha uma voz sonora e o seu hebraico soava bem melhor do que eu já ouvira de outros teólogos. As aulas de Gottlob Frege e a leitura de dois textos seus me estimularam a pesquisar sobre os princípios (filosóficos?) da matemática. Sem sombra de dúvida, Frege era o professor mais brilhante da Faculdade de Filosofia, um homem que ainda hoje goza de fama internacional. Em Iena ninguém o levava a sério, era como se lhe fizessem um grande favor tê-lo no corpo docente. Devia andar perto dos setenta anos e acho que não havia chegado a ocupar uma cátedra. Um segundo professor que me interessava mais do que Bauch era Paul F. Linke, um discípulo de Husserl que aos quarenta anos ainda era livre-docente. Linke e Bauch eram pólos opostos, não somente como professores mas também como pessoas. Bauch era muito cortês, embora tratasse os estudantes com um certo desprezo; neokantiano, nessa fase afastava-se das idéias de Cohen em direção às de Rickert, enquanto Linke era um jovem professor de uma alegria contagiante, muito aberto em relação aos estudantes; adepto da fenomenologia, não contava, contudo, com muito prestígio entre os membros de sua escola. Foi o único docente com quem mantive boas relações no nível pessoal, durante esse semestre. Quando nos encontrávamos, ele não só recitava de forma excelente poemas de Morgenstern, como me propôs que fizesse com ele minha tese de mestrado sobre os princípios fundamentais da matemática, mesmo não estando eu completamente de acordo com a abordagem fenomenológica. Minha posição não podia passar-lhe despercebida, afinal, por maior que fosse a minha simpatia por Linke, eu tinha sérias dúvidas quanto à refutação da teoria da relatividade pela "simples exposição da essência", como era corrente entre os fenomenologistas de então e mesmo tempos depois. As idéias de Einstein não passariam de uma ficção no sentido que Vaihinger atribuía a tal conceito, ou seja, "comprovadamente falsas", embora "proveitosas". Eu não podia concordar com isso, e a tal de exposição da essência me pareceu suspeita.

No verão desse ano, mesmo sem pertencer à liga juvenil Azul e Branca, publiquei no seu *Führerzeitung* (*Jornal de Líderes*) uma veemente crítica às idéias reinantes nesse círculo, quanto ao trabalho realizado com jovens judeus. Formulei num tom bastante radical as minhas exigências, como já havia feito em relação à discussão travada no Lar Judaico. Graças ao artigo, entrei em contato com alguns jovens mais novos que eu da organização em Leipzig. A seu convite, pronunciei um discurso que acabou influenciando sua decisão de desligar-se da Azul e Branca. Retribuí várias visitas que eles me fizeram. Leipzig era o centro do comércio alemão de peles, quase exclusivamente nas mãos de judeus, em sua maioria ortodoxos. Estes meus "adeptos" (que me abandonaram assim que me mudei de Iena) eram quase todos filhos de judeus russos, a não ser em duas exceções, judeus bastante influentes no comércio de peles (e também ricos). Assim, pude perceber as tensões internas a que estavam expostos, como também pude conhecer o aspecto humano nessas famílias, cujos pais se viam confrontados com a alternativa de ver seus filhos partindo para a assimilação como alemães, ou então ingressando nas fileiras do sionismo. Em Leipzig tornei a ver Agnon que viveu ali por um bom tempo e veio me visitar uma ou duas vezes em Iena.

No início da minha permanência em Iena eu me reunia somente com as estudantes que já conhecia de Heidelberg e com algumas outras que elas me apresentaram. Em geral assistíamos às mesmas aulas e seminários dos filósofos e matemáticos, mas nos reuníamos também nas noites de sexta-feira no enorme quarto onde eu morava, na Jenergasse, em frente ao Jardim Botânico. Eu gostava de ficar na janela, observando a paisagem, os belos jardins, meses depois completamente cobertos pela neve. Em nosso grupo éramos três rapazes e seis ou sete moças e sempre líamos o trecho da Torá correspondente àquele *Schabat*. (A Torá foi dividida, há séculos, em cinqüenta e três trechos – nos anos bissextos em cinqüenta e quatro – de forma a ser lida por completo na sinagoga, no transcurso do ano.) Eu dava aulas de hebraico às minhas três senhoritas de Heidelberg, e de acordo com seus progressos líamos não somente alguns versos em alemão como também em hebraico, à luz das velas do *Schabat*.

Às vezes Toni Halle trazia uma garota da Escola de Odenwald, Ali Natansohn, uma sobrinha da madrasta de Buber, que estava se preparando para concluir o segundo grau em Iena. Trinta anos mais tarde, tornei a vê-la em Berlim, onde ela conseguira sobreviver à Segunda Guerra juntamente com sua filha. Em Jerusalém fui vizinho de um grande amigo de seu tio, Georg Halpern, um dos corifeus do sionismo russo e uma das pessoas mais encantadoras que conheci. A Käthe Holländer devo duas novas amizades. Ela trouxe ao grupo Käthe Ollendorf, uma sobrinha de Alfred Kerr, que dois anos depois casou-se, tornando-se a primeira esposa de Johannes R. Becher. Minhas amigas de Heidelberg não só eram bem mais velhas do que eu, como não eram precisamente bonitas. No entanto, Käthe Ollendorf, que então "já" tinha seus vinte e sete anos e estava terminando o curso de medicina, se distinguia pela sua graça e seu olhar de uma inocência incomparável. Era um desses olhares que poderíamos chamar de "apaixonante", já que esse era o efeito que provocava em muitos. Isso embora fosse muito religiosa; em princípio, qualquer crença era aceitável para ela, mas o "bacilo do judaísmo", pelo qual já fora contagiada antes de nos conhecermos, estava bastante ativo em Käthe Ollendorf. Era bastante culta, mas não tinha nada de intelectual, vivia completamente no plano dos sentimentos. Acima de tudo, era a pessoa mais indefesa que já conheci na minha vida. Fomos amigos por vários anos, e em fevereiro de 1933, quando ela casualmente nos visitou em Jerusalém, ao fazer uma viagem pelo Mediterrâneo, fomos minha esposa e eu que a impedimos de voltar para a Alemanha. Ela não tinha a menor idéia do que estava acontecendo por lá. Viveu quarenta anos em Jerusalém, exercendo a medicina.

Käthe Holländer também me apresentou, fora das reuniões de sexta-feira, sua amiga Leni Czapski, uma jovem pintora, filha de um dos principais colaboradores de Ernst Abbe na construção das indústrias Zeiss, que eram o segundo pólo, além da universidade, em torno do qual giravam as atividades em Iena. Leni era uma criatura encantadora, cheia de vida; seus pais professavam religiões diferentes, e ela, que recebera uma educação cristã, entrou em contato com o judaísmo pela primeira vez por meu intermédio. Nossa amizade estendeu-se por vários anos. Por volta de 1925, foi para Kovno em companhia do marido, o pintor expressionista Max Holzman, assassinado durante a Segunda Guerra por ser judeu. Ela e sua filha conseguiram salvar-se. Pouco antes de sua morte, Leni visitou-me em Jerusalém. Em fins de março de 1918, numa belíssima noite estrelada, Leni e eu voltamos a pé de Weimar a Iena. Foi a primeira pessoa a pintar um retrato meu.

Em Iena conheci uma outra pessoa que significou mais para mim do que todas as outras. As aulas de Bruno Bauch sobre teoria do conhecimento, que pretendiam estabelecer uma ponte entre as idéias de Cohen, Windelband e Rickert, eram freqüentadas mais por mulheres do que por homens, circunstância ditada pela guerra. Uma das estudantes chamou a minha atenção pelo seu belíssimo porte e um rosto que me lembrava o semblante de uma donzela dos tempos em que havia burgos na Alemanha. Não era das mais jovens, e sua atitude reservada e introvertida não deixava margem a uma aproximação. O inverno estava terrível, passávamos fome e morríamos de frio. O carvão estava racionado, e a cota fixada para os estudantes era pequena. Tínhamos que buscá-lo no local de distribuição e carregá-lo para casa. Um dia, ao passar por lá, vi esta colega empurrando com dificuldade um carrinho com o suprimento. Fui até ela, me apresentei dizendo que era seu colega no curso de Bauch e me ofereci para ajudá-la. Ela me examinou bem, antes de aquiescer e lá fomos nós com o carvão até um bairro situado numa colina, além do Rio Saale. Fui convidado para tomar uma xícara de chá. Minha anfitriã apresentou-se dizendo: "Meu nome é Katharina Gentz e esta é minha amiga Alice Heymann, que mora comigo". A Srta. Heymann, que tinha traços judeus bem marcantes, parecia tão enfermiça quanto era na realidade e geralmente estava reclinada numa *chaise longue*. Dei uma espiada ao meu redor e terminei por perguntar se podia dar uma olhada num monte de textos que estavam numa mesinha ao seu lado. Qual não foi a minha surpresa ao encontrar ali, no mesmo tipo de envelope que o meu exemplar, uma cópia do manuscrito *Über zwei Gedichte von Hölderlin* (*Sobre Dois Poemas de Hölderlin*), que Walter Benjamin tinha distribuído a pouquíssimas pessoas, entregando-me uma havia um ano e meio. "Sim", disse-me ela, "nós estivemos juntos na Associação Livre de Estudantes em Freiburg e Berlim, e Benjamin me deu o manuscrito na primavera de 1915". Desde então ela não tivera nenhum contato com ele. Portanto tínhamos um motivo para conhecer-nos melhor.

Katharina Gentz me interessava também por outro aspecto: era a primeira moça não-judia com quem fiz amizade. E tinha mesmo o caráter ríspido que a gente supõe ao observar o rosto das donzelas nas câmaras femininas dos castelos medievais, nas pinturas alemãs do século XV. Não era alta, mas muito magra, falava pouco e devagar, mas com muita precisão e ia direto ao assunto. Conversamos sobre as nossas famílias, contando cada qual sua história. Quando Katharina nasceu em 1890 em Wriezen, cidade situada na planície de Oderbruch, seu pai, que era diretor de uma escola, já estava com sessenta e cinco anos. Como muitas estudantes de sua geração, ela cursava a Escola Normal, trabalhando por alguns anos em escolas primárias até resolver estudar. Estudou alemão e tornou-se professora de segundo grau em Frankfurt, onde fui visitá-la dez anos depois, e Kiel. Passamos várias tardes conversando sobre alemães e judeus, sobre a guerra, literatura e filosofia da moral. Tinha muitos conhecimentos sobre arte, mas quanto a isto eu não era tão versado a ponto de discutir com ela. Cada vez que eu ia visitar Katharina e sua amiga, encontrava novas reproduções de quadros pendurados no seu quarto. Em matéria de tranqüilidade, Katharina superava todas as pessoas que conheci, que aliás foram bem poucas a merecer esse qualificativo, demasiado fraco para descrever a sua grande serenidade. Não que tivesse encontrado a resposta para os enigmas deste mundo, longe disso; ela transmitia a quem estivesse em sua companhia uma sensação indescritível de serenidade, enquanto detrás de sua grande discrição ocultava-se um espírito dos mais abertos. Seu irmão mais velho era promotor público e tivera péssimas experiências no seu trabalho, inclusive com judeus. Quando fui embora de Iena, vieram estudar ali dois amigos meus da Jovem Judá, no semestre seguinte, e Katharina Gentz "herdou" de mim essas amizades. O fato de o Dr. Gentz entrar em contato com esse pequeno círculo de judeus, apresentado pela irmã, mudou decisivamente a sua posição quanto aos judeus. Katharina ficou noiva de um desses amigos que foi a Israel um ano depois de mim. Como eu visse o anel de noivado no dedo desse amigo, perguntei-lhe quem fora a escolhida. Katharina, me disse ele. Ela era nove anos mais velha que ele e estava disposta a ir depois a Israel e morar no país. Afinal as coisas tomaram outros rumos. Não obstante, a amizade entre os dois permaneceu uma constante em suas vidas e continua até hoje, passados sessenta anos.

Este semestre tão movimentado quanto a acontecimentos marcou também o início de minha amizade com Werner Kraft, que conheci através de Walter Benjamin, e com quem me correspondi durante o serviço militar. Kraft sofria muito com as circunstâncias da época em que vivíamos e com o fato de prestar o serviço militar em Hanôver, embora fosse considerado apto a servir apenas nos quartéis, nos serviços de saúde. Benjamin me escreveu dizendo que ele e sua esposa estavam muito preocupados com Kraft, que estava então com vinte e um anos. Nesses meses, de fato não faltou muito para ele se suicidar, como o comprovam as cartas extremamente melancólicas de quem está inconsolável, que ele escreveu, bem como suas poesias, ditadas pelo desespero. Eu me lembro de ter-lhe escrito algumas cartas tentando dissuadi-lo, suplicando que não desistisse da vida. Certa vez, veio me visitar em Iena, onde passou dois ou três dias e onde conheceu Toni Halle, sua futura cunhada. Tivemos algumas conversas agitadas, emocionantes e nos tornamos amigos.

Kraft seguia por um caminho muito diferente do meu. A questão judaica não lhe preocupava em absoluto, mas escreveu-me uma carta contando que ficara muito contente de haver encontrado uma pessoa como eu, que dava importância ao judaísmo. Porém ele havia esquecido uma carta com Walter Benjamin, escrita no outono de 1916, na qual não se manifestara nada favorável ao judaísmo. Benjamin, que havia lido Ahad Haam por sugestão minha, respondeu-lhe com uma profissão de fé no judaísmo, mencionando que talvez fosse à Palestina, após a guerra. Em dezembro do mesmo ano, Kraft lhe escreveu dizendo que isso o deixara muito surpreso e que ele não podia explicar o fato, a não ser pela influência de alguma mulher. Ainda me lembro das piscadas muito significativas de Benjamin, ao ler para mim essa carta. Kraft só vivia realmente no mundo da literatura e sua preferência recaía, desde essa época, sobre Karl Kraus e Rudolf Borschardt. Ele escrevia a Benjamin sobre esses autores, longos ensaios não publicados, alguns dos quais cheguei a ler. Kraus e Borschardt eram ambos judeus, mas que haviam se afastado completamente do judaísmo, movidos por impulsos bastante diferentes; o primeiro partira para o nacionalismo, defendia a anexação na guerra, sendo o porta-voz de um conservadorismo tradicionalista, enquanto o outro era o principal porta-voz do movimento contra a guerra, seu mais fanático representante e o que se expressava com maior veemência numa publicação escrita somente por ele, *Fackel* (*A Tocha*), sendo que o mais surpreendente era o fato de não ser proibida, praticamente um milagre. (Fiquei conhecendo *A Tocha* porque na primavera de 1916 um sionista conhecido meu não só elogiou o seu conteúdo como me aconselhou a lê-la para aprender como é que se escreve uma boa prosa em alemão; desde então passei a lê-la com certa regularidade.) A partir de minha estada na Suíça, nossa correspondência, em parte bastante agitada, assumiu formas mais comedidas. Quando ele se casou com a irmã de Toni Halle, em 1922, talvez eu fosse a única pessoa duplamente convidada, fora dos círculos familiares, por ser amigo dos dois, do noivo e da noiva, como também ocorreu no casamento de Walter Benjamin. A cerimônia foi celebrada pelo Rabi Leo Baeck, tido como a inteligência mais brilhante entre os rabinos de Berlim. Esse foi o nosso primeiro encontro, o primeiro de muitos que se sucederam até a sua morte.

No dia 5 de dezembro completei vinte anos. À tarde, estava sozinho no meu quarto, pensando na minha vida. Tocou a campainha e o carteiro me trouxe uma carta expressa de Walter Benjamin, uma carta como nenhuma outra que ele depois me escreveu. Em poucas linhas, ele aludia a um comentário meu em torno do ensaio que ele estava escrevendo sobre *O Idiota* de Dostoiévski, e me cumprimentava pelo aniversário. Eu interpretava esse ensaio como uma manifestação esotérica sobre o seu amigo, já falecido, Fritz Heinle. Não posso falar da minha juventude sem citar estas linhas, que nem sequer tinham um cabeçalho, e que foram tão importantes na nossa amizade:

*Desde que recebi sua carta tenho me sentido muito contente. É como se eu tivesse entrado num período de festas e devo reverenciar a revelação naquilo que se abriu ante os meus olhos. Pois não poderia ser de outra forma senão que aquilo que lhe veio necessariamente devia estar dirigido somente a você e por um momento entrou novamente em nossas vidas. Entrei numa nova fase de minha vida, já que o que me desligou, numa velocidade planetária, de todas as pessoas, lançando uma sombra até nas relações mais próximas, com exceção do meu casamento, ressurge inesperadamente em outro lugar, unindo.*

*Mais não pretendo lhe contar nesta carta que afinal é para parabenizá-lo pelo seu aniversário.*

*Seu amigo*
*Walter Benjamin*

Em janeiro de 1918, recebi uma convocatória para me apresentar a uma segunda comissão de recrutamento em Weimar, que me considerou "inapto definitivamente para a guerra, dispensado de controles", encerrando portanto o capítulo do meu alistamento. Como o exército não estava mais interessado em mim, apresentava-se uma boa chance de ir à Suíça. Pedi a minha mãe que viesse a Iena e lhe expus a minha situação, pedindo-lhe que intercedesse junto a meu pai para que ele aprovasse minha ida a Berna, a fim de "recuperar" totalmente a saúde e continuar meus estudos em Berna, onde Benjamin e sua esposa estavam à minha espera. Minha mãe entendeu muito bem a situação e me disse: "Pode deixar por minha conta que vou falar com o seu pai, mas para isso preciso de algum tempo". No final de fevereiro ela conseguira o seu consentimento. O Dr. Karl Meyer, um médico que ficamos conhecendo durante as férias de 1913 e 1914, enviou seu parecer por escrito, dispondo-se a acompanhar meu tratamento na Suíça. Munido do parecer e do certificado militar, fui procurar o médico do distrito de Iena, dele recebendo a confirmação de que não havia nenhum empecilho à minha viagem. Sem esse documento não se conseguia um passaporte naqueles tempos. Tudo isto estendeu-se por várias semanas. O semestre chegara ao fim na universidade, fui me despedir dos meus amigos e amigas que invejaram a minha sorte e antes de iniciar a viagem ainda fui passar uns dias em Berlim, onde deixei minha biblioteca, que entretanto crescera bastante, na casa do meu tio.

## BERNA (1918-1919)

No dia 4 de maio de 1918, atravessei a fronteira em Friedrichshafen. Uma sensação indescritível de euforia se apossou de mim no vapor que cruzava o Lago de Constança em direção a Romanshorn, no lado suíço, quando percebi que já deixara a Alemanha. A guerra havia terminado para mim. Às oito da noite, Walter Benjamin me esperava na estação ferroviária de Berna.

Fiquei em Berna durante um ano e meio mais ou menos, presenciando, portanto, de longe e sem me envolver muito, os grandes acontecimentos, o fim da guerra, a chamada revolução alemã e tudo o que veio depois. Como era natural, somente o armistício representou uma cesura de fato decisiva para mim. No que se refere à amizade com Walter Benjamin, que foi muito importante para mim nessa fase na Suíça, eu já me estendi no livro a esse respeito. Aqui pretendo abordar outros aspectos que ali estariam fora de lugar. Estudei apenas matemática, física teórica e filosofia na universidade, onde tudo transcorria no maior sossego, não havia nada importante e o ambiente era bem pequeno-burguês. À parte disso, comecei a aprender árabe com Karl Marti, um especialista em matéria do Antigo Testamento, participando do seu seminário sobre o livro Hiob, onde cada estudante tinha que ler um verso. Quando chegava a minha vez, Marti dizia: "Sr. Scholem, não leia tão depressa". Marti tinha uma grande simpatia pelos judeus e sua história, como também era muito gentil com os estudantes judeus, quase todos vindos da Rússia ou da Galícia. Em Berna não havia matemáticos à altura dos de Berlim. Contudo, um deles fez uma brilhante exposição sobre alguns capítulos complexos da teoria dos números. Tratava-se de um livre-docente chamado Berliner, um judeu russo que encontrei várias vezes na sinagoga nas noites de sexta-feira, rezando o *Kadisch* para seu pai ou sua mãe, a oração em memória dos mortos no ano de luto.

Tanto as conversações com Benjamin como os meus interesses peculiares implicavam uma série de leituras que conforme o assunto exigiam maior ou menor dedicação. A Biblioteca Nacional Suíça possuía alguns tesouros inesperados em matéria de filosofia e também de comentários sobre a Bíblia, além de muitas dissertações sobre alguns aspectos do judaísmo, escritas nas universidades suíças por estudantes judeus orientais, em sua maioria gente que não era mais tão jovem. Uma das maiores surpresas para mim situava-se entre minhas duas áreas de interesse. Um dos mais significativos representantes da literatura hebraica moderna era Micha Josef Berdyczewski, o pólo espiritual oposto a Ahad Haam, um dos precursores do modernismo judaico e ainda hoje um dos autores hebreus de maior influência, que registrara como nenhum outro o antagonismo entre a tradição e uma renovação total. Eu já conhecia alguns textos seus em hebraico, nos quais ele fora um dos primeiros a propagar a obra de Nietzsche. Já haviam sido editados dois volumes de um excelente trabalho seu, *Die Sagen der Juden* (*A Saga dos Judeus*), que publicara sob o nome de Micha Josef bin Gorion, como fizera aliás com todas as suas obras em alemão, indubitavelmente um dos mais valiosos trabalhos sobre as fontes do judaísmo em alemão. (À parte da Bíblia, aliás, esta foi a fonte principal e mais explorada por Thomas Mann ao escrever a tetralogia *José e Seus Irmãos*.) Eu tinha uma grande curiosidade por esse escritor que parecia haver criado duas áreas de trabalho separadas, expressando-se tanto em alemão como em hebraico. Só o vi uma vez no sebo de livros hebraicos de Louis Lamm, em Berlim, quando o proprietário me sussurrou: "Esse é o Dr. Berdyczewski". Só em Berna, ao estar matriculado no curso de filosofia e ao folhear uma coleção de dissertações produzidas na universidade, fui encontrar um trabalho de Berdyczewski que já procurara várias vezes sem conseguir encontrar. Era o projeto de um sistema filosófico, traçado em cinqüenta páginas!

Devo o meu aperfeiçoamento no judaísmo sobretudo a um estudante de medicina que seguia à risca os preceitos religiosos, no que era uma espécie de pássaro raro entre os judeus orientais na Universidade de Berna. David Schklar era um excelente talmudista, além de falar hebraico muito bem. Ele me propôs nos reunirmos duas vezes por semana para aprender o Talmud, o que fiz durante um ano com muito prazer. David Schklar era bastante inteligente, mas uma pessoa difícil e um pouco maluca. Quarenta anos mais tarde, ele emigrou do Canadá para Israel.

Enquanto havia um número considerável de estudantes judeus na Suíça antes da Revolução Russa, a maioria retornou à Rússia (através da França, Holanda e Suécia) durante o ano de 1917. Após a tomada do poder pelos bolcheviques, um outro grupo bem maior foi expulso da Suíça, depois de ser conclamado a deixar voluntariamente o país, tratando-se de estudantes que haviam manifestado publicamente ou não sua simpatia pelos novos governantes. Desse modo, o seu número ficara bastante reduzido e encontrei apenas um pequeno grupo de estudantes judeus russos, com os quais me reuni várias vezes, pelo menos com alguns deles. Dava para perceber que alguns deles estavam convalescendo de tuberculose; o que me pareceu o mais simpático dentre todos morreu dessa enfermidade, logo depois que saí de Berna. De um modo geral não tive muito convívio social nesse período, à parte da intensa amizade com Walter e Dora Benjamin. Uma outra exceção era a família Waldhaus, judeus orientais muito religiosos que eu costumava visitar aos sábados, porque era quando eles cantavam hinos hebraicos e aramaicos, acompanhados de belíssimas melodias hassidistas. E também havia a sobrinha do Dr. Karl Meyer, o meu protetor, que se casou, durante a minha permanência em Berna, com o Sr. Bollag, um dos pouquíssimos sionistas suíços "natos", ou seja, um judeu que como ela provinha de uma das duas aldeias judaicas suíças, Endingen e Lengnau, os únicos lugares em toda a Suíça onde os judeus puderam viver, por mais de dois séculos. Demorou um bom tempo até eu conhecer outras famílias sionistas suíças "autóctones" e fazer amizade com algumas dessas pessoas.

Já é hora de apresentar minha prima Leonie Ortenstein, cujo apelido é Lony, que fui encontrar trabalhando num lugar que certamente meus leitores nem suporiam, na representação alemã em Berna. Lony era uma das filhas de um matrimônio misto da família Pflaum, a que já me referi. Naturalmente nos conhecíamos desde a infância, mas aos dezenove anos de idade ela teve tuberculose e foi enviada a Davos em 1916, praticamente desenganada. Para ela própria e para todos foi uma grande surpresa o seu restabelecimento. Lony pôde abandonar a "Montanha Mágica" e encontrou trabalho em Berna, num departamento novo da embaixada alemã, encarregado de conseguir suprimentos de gordura, onde ela era secretária do diretor. Quase não nos vimos enquanto estive morando perto de Benjamin na aldeia de Muri, que naquela época ainda não fora anexada à capital, num grande quarto no sótão da casa do carteiro, em meio a uma bela plantação de cereais. Quando me mudei para a cidade, no outono, indo morar perto de sua casa, encontramo-nos com freqüência e nos tornamos bons amigos.

Lony era apenas um ano mais velha que eu, mas era o oposto de mim em quase tudo. A estética era muito importante para minha prima que preferia economizar na comida para poder manter um apartamento bonito e elegante e comprar roupas caras. Lony quase não tinha convicções, princípios; o fato de ter ficado órfã muito cedo e ter sido criada por tios ricos na qualidade de parente pobre não deu margem a isso, e o seu caráter cético, de natureza contemplativa, parecia excluir tal possibilidade. Ela tomou conhecimento das minhas fortes convicções com interesse, mas com uma certa indiferença. Era alegre sem ser espirituosa, amável mas um pouco distante, gostava de ser cortejada e admiradores nunca lhe faltaram, embora Lony não desse a impressão de estar interessada em compromissos sérios (com uma única exceção). Sem ser propriamente bonita, graciosa e, pelo que pude observar, só gostava mesmo era de flores, música e livros. Dizem que compareci ao casamento do Sr. Bollag com a sobrinha do Dr. Meyer com um enorme *bouquet* de rosas, que estive o tempo todo com o ramalhete na mão e fui embora levando-o comigo, o que chamou a atenção dos convidados e provocou algumas risadas. É provável que as flores fossem para Lony. Nessa época, o *best seller* de Agnes Günther, *Die Heilige und ihr Narr* (*A Santa e Seu Palhaço*), era tido como literatura de bom nível, sendo leitura obrigatória para todos, especialmente para as mulheres. Lony não me deixou sossegado enquanto não li esse grosso romance. Se não me engano, hoje é considerado um clássico da literatura *kitsch*, com pretensão de ser algo melhor. Não tenho bem certeza se esse julgamento é correto. Tratando-se de obras de muito sucesso, que tanto podem estar situadas acima como abaixo do limite a separar literatura do que não merece tal qualificativo, o julgamento crítico em geral é notoriamente influenciado pelas tendências dominantes. O mesmo poderíamos dizer de um romance publicado vinte anos após o assassínio dos judeus, de André Schwarz-Bart, cuja leitura necessariamente leva às lágrimas. Da minha parte, fixado como estava nas questões judaicas, recomendei-lhe que lesse a tradução do livro de Agnon, *E o Torto Virou Direito*, para dar-lhe uma idéia do que eu considerava realmente uma literatura de bom nível (e uma excelente tradução). Ela gostou do livro e, em sinal de gratidão, pediu à filha do meu Professor Marti que encadernasse o meu exemplar com uma capa de couro maravilhosa, tal qual o conservo até hoje.

Lony era para mim o contrapeso ideal a Walter Benjamin. Com Benjamin havia profundas discussões, troca de idéias, luta em torno de convicções e chispas que saltavam. Lony era o próprio receptáculo, ou melhor, a ouvinte ideal. Ouvia minhas divagações com atenção, sem fazer qualquer objeção: Estive algumas vezes com ela na casa de Walter e Dora e ambos ficaram encantados com minha prima. Em resumo: ela vivia mais ou menos fora do mundo, mas vivia e sua presença era perceptível. Ela me apresentou aos dois músicos suíços de famílias tradicionais que a cortejavam. Logo depois que voltei à Alemanha, Leonie afinal ficou noiva do mais moço deles, um talentoso regente de uma das famílias da alta sociedade de Berna. A família, porém, opôs-se terminantemente ao casamento ("Você não vai nos trazer uma judia para casa!"). A mãe do noivo não quis nem conhecer Leonie, recusando-se a recebê-la. O noivado foi desfeito.

Elsa Burchhardt, minha futura esposa, que eu havia conhecido durante uma visital sua a Heidelberg em fins de janeiro de 1918, veio passar fevereiro e março de 1919 em Berna, de modo que tive uma nova parceira com quem conversar. Elsa fez amizade tanto com Walter e Dora como com Lony. Minha prima depois mudou-se para Roma, onde faleceu dez dias antes de os aliados conquistarem a cidade. Até o início da Segunda Guerra, ela sempre esteve em contato conosco e chegou a nos visitar duas vezes em Jerusalém. Trabalhou como secretária do representante alemão perante o Instituto Internacional de Agricultura, que a conservou no cargo durante o nazismo não sei como e apesar das pressões. Lony era alemã? Era judia? Eu acho que nem ela mesma sabia.

Desde cedo me interessei pela Cabala, a mística judaica, e o mais provável é que diversos fatores tenham me levado a isso. Talvez eu tivesse um dom, uma afinidade com essa área pela própria "raiz da minha alma", como diriam os cabalistas, talvez tenha sido o meu ímpeto, meu desejo de entender o enigma da história dos judeus – e a existência dos judeus através dos séculos *é* um enigma, independentemente do que afirmem as várias "explicações" apresentadas. Gräetz, cuja *História dos Judeus* tanto me entusiasmara, revelava uma grande rejeição por tudo o que estivesse relacionado com a mística religiosa, aliás como quase todos os expoentes das ciências do judaísmo no século passado (Zunz, Rapoport, Luzzatto, Geiger e Steinschneider). Ele chama o livro clássico da Cabala na Espanha, o *Zohar*, de livro das mentiras e cada vez que se refere aos cabalistas emprega alguma injúria de sua coleção criada especialmente para esse fim. Não saberia dizer por que, mas parecia-me improvável que os cabalistas fossem uns loucos, charlatães e mestres em matéria de tolices, como Gräetz se expressava. Talvez eu achasse que havia alguma coisa oculta detrás disso, que me atraía. E certamente também desempenhou um papel importante a impressão deixada pelos dois primeiros livros de Buber sobre o hassidismo, escritos bem no estilo da escola de Viena e do *Jugendstil*, que apontam nessa direção, em plena apoteose romântica, floreada de metáforas. Sobretudo a partir de 1915, comecei timidamente a ler textos sobre a Cabala, para tentar decifrar depois os originais da literatura cabalística e hassidista, o que estava associado a grandes dificuldades na Alemanha de então. Enquanto sempre se encontrava algum conhecedor do Talmud, não havia ninguém que pudesse orientar uma pessoa por esses caminhos. Certa vez, pedi ao Dr. Bleichrode que lesse comigo e alguns colegas um trecho do famoso tratado sobre ética cabalística do século XVI. Depois de tentar durante algumas horas, ele disse: "Meus filhos, temos que desistir. Não compreendo as citações do *Zohar* [o texto estava repleto delas] e portanto não posso lhes explicar direito a coisa". Portanto, tratei de ler por minha conta e de penetrar nas fontes, afinal o *Zohar*, embora escrito em aramaico, não era mais enrolado do que a obra de Hamann, por exemplo, e eu tinha vários livros desse autor na minha biblioteca. Comprei um exemplar do *Zohar* e resolvi tentar a minha sorte. Li os quatro volumes da obra de Molitor, *Philosophie der Geschichte oder über die Tradition*(*Filosofia da História ou Sobre a Tradição*) (1827-1853), que em realidade versava sobre a Cabala, e que na época podiam ser adquiridos na própria editora por uma bagatela. Ficou claro para mim que a interpretação cristológica desse autor, um discípulo de Schelling e Baader, era completamente errada, mas ele entendia mais do assunto que muitos corifeus do judaísmo contemporâneos seus. Li ainda os textos em hebraico de S. A. Horodezky sobre o hassidismo, naquela época praticamente a única coisa que havia para ler sobre os grandes santos do hassidismo, tratando-se de literatura hebraica contemporânea. Em Berna, inteirei-me de que Horodezky morava na cidade e fui visitá-lo. Uns vinte e cinco anos mais velho que eu, o Sr. Horodezky me recebeu com muita amabilidade e logo me propôs traduzir vários capítulos de um manuscrito seu em hebraico – ele não escrevia em alemão – que seriam incluídos num grosso volume em alemão sobre o assunto, a ser publicado, com o que concordei. Ao fazer a tradução, percebi que havia alguma coisa errada nesses trabalhos e que o autor era um panegirista sem conhecimentos profundos.

De 1915 a 1918, enchi vários cadernos com excertos, traduções e considerações sobre a Cabala que ainda estavam muito distantes dos procedimentos científicos. O "bacilo" porém mantinha-se ativo e, na primavera de 1919, os diversos acontecimentos que procurei descrever aqui me levaram a tomar a decisão de centrar meus esforços nas ciências judaicas, em vez da matemática, também na universidade, e dedicar-me, pelo menos durante alguns anos, a um estudo científico da Cabala. Nem sequer imaginei então que esses anos de estudo iriam se transformar num trabalho para a vida inteira; eu também tinha outras aspirações quanto ao judaísmo, como por exemplo escrever um livro sobre a literatura, a função e a metafísica do canto fúnebre na literatura hebraica. Já fizera uma série de estudos a esse respeito, tendo publicado no livro *Juden* (*Judeus*) uma tradução que hoje me parece boa de um comovente canto fúnebre medieval sobre a queima do Talmud em Paris, no ano de 1240.

Minha decisão condicionava, ao mesmo tempo, a escolha da universidade, ao voltar à Alemanha. Antes, eu havia cogitado de concluir meu curso de matemática em Göttingen, a meca da matemática. Agora só vinha ao caso Munique, onde havia (e ainda há) a maior coleção de manuscritos em hebraico da Alemanha, rica também em textos cabalísticos. O fato de Elsa Burchhardt entretanto já estar morando naquela cidade facilitou minha decisão.

As universidades não incentivavam ninguém a estudar as questões judaicas, naquela época. Hoje, quando quase não há judeus na Alemanha, todas as universidades querem criar uma cátedra de judaísmo. Outrora, quando havia um círculo muito ativo de judeus, sempre em efervescência, não havia o mínimo interesse da parte das universidades e secretarias estaduais. E não faltaram tentativas nesse sentido, durante uns cem anos; todas fracassaram. Heinrich Heine é quem tinha razão: se houvesse um só judeu no mundo, o mundo inteiro iria até onde estivesse para vê-lo. Bem, como existe uma porção, não se toma conhecimento. Mas estava disposto a tentar decifrar esses textos escritos numa simbologia enigmática e estranha, torná-los acessíveis para mim e para os demais. No verão de 1919, havia encontrado um tema, sugerido pelas leituras que fizera desse tipo de literatura, tema que me pareceu profícuo em si e relevante do ponto de vista filosófico: a teoria da linguagem da Cabala. Excessos da juventude, senão arrogância. Assim que me dediquei seriamente ao assunto, reconheci que sabia muito pouco para realizar um trabalho desses e que o melhor seria começar mais modestamente, de forma sistemática. Desisti da idéia em 1920 e de fato só fui escrever o trabalho sobre a linguagem da Cabala cinqüenta anos depois.

## MUNIQUE (1919-1922)

Regressei à Alemanha em setembro de 1919. Da remessa mensal consegui guardar algumas notas de cem francos, à custa de muito sacrifício. Pelo visto, exagerei ao economizar – passei várias semanas comendo só bolos de batata com ovos fritos num restaurante barato –, o que teve como conseqüência uma avitaminose. Meu anjo da guarda, o Dr. Meyer, me puxou para um canto, na festa de casamento da sua sobrinha, dizendo-me: "O que há com você, Gerhard? Não estou gostando da sua aparência. Venha ao consultório amanhã, antes de eu regressar a Leysin". O resultado foi que ele escreveu uma carta aos meus pais, dizendo que eu precisava me alimentar melhor e recebi um aumento de cinqüenta francos na minha mesada. No outono, fui gastar minhas economias nos dois sebos judaicos de Berlim, onde comprei literatura cabalística. Entre esses livros, encontravam-se os seis grossos volumes da tradução francesa do *Zohar*, publicados em Paris entre 1906 e 1912, editados por uma misteriosa figura denominada Jean de Pauly e impressos pelo maior fabricante francês de papel, Émile Lafuma-Giraud, num papel maravilhoso, feito especialmente para essa coleção (com o nome de Deus em hebraico gravado em filigrana!). Assim que iniciei meus estudos, logo percebi em que nível estavam as pesquisas em torno da Cabala – e é por isso que conto esta estória aqui. Em Munique, defendi o parecer de que essa "obra-mestra" tão elogiada, tão citada, e que serviu de base a tantos livros, não passava de um trabalho péssimo, inútil e vergonhoso, de um charlatão do leste da Galícia com pretensões intelectuais, que não só estava repleto das falsificações mais descaradas como também incluía um volume de notas de mais de quatrocentas e cinqüenta páginas, que consistia, do começo ao fim, em citações inventadas e indicações bibliográficas eruditas referentes a livros inexistentes ou a capítulos inexistentes nos clássicos conhecidos da Cabala. Ninguém deve ter procurado as fontes bibliográficas, mas ninguém quis acreditar então em mim. "Como é que você sabe que esses livros não existem?" é o que me perguntavam. Essa era a situação, quando comecei meus estudos.

Consegui alugar um quarto grande em Munique, na Türkenstrasse número 98, perto da Porta da Vitória e bem em frente à Academia de Belas-Artes. O apartamento era grande, e a proprietária ocupava apenas um cômodo, alugando os demais. Ali consegui um quarto para o meu primo Heinz Pflaum que havia começado a estudar línguas neolatinas, e no quarto em frente ao seu vivia a desenhista Tom Freud, de quem logo falarei. Formávamos uma pequena colônia sionista (meu primo foi para Jerusalém três anos após a minha mudança para lá, tornando-se o primeiro catedrático de línguas neolatinas). Felizmente eu tinha bastante espaço para livros e pude trazer uma parte da minha biblioteca de Berlim. Outro tanto foi se transferindo aos poucos dos sebos bem sortidos de Munique até as minhas estantes.

Assisti a um último curso de matemática com o famoso Alfred Pringsheim, para então dedicar-me totalmente à filosofia e às línguas e literatura semíticas, que eu escolhera como segundo curso paralelo*. Pretendia escrever depois minha tese de doutoramento em filosofia sobre "Filosofia da Linguagem da Cabala", segundo o plano que havia elaborado. Num seminário sobre a *quaestio de anima* de São Tomás de Aquino, conquistei a estima de Clemens Bäumker, um grande historiador, cuja especialidade era a filosofia medieval. Ele se interessava pelo universo de idéias do judaísmo medieval e me incentivou a prosseguir com meus estudos. Em março de 1920, quando fui procurá-lo após o encerramento do curso, Bäumker me disse que eu poderia fazer com ele o doutoramento sobre a Cabala, que ele considerava uma *terra incognita* em termos de trabalhos científicos. Como já mencionei, entretanto, tornara-me bem mais modesto e lhe propus traduzir, comentar e editar o livro *Bahir*, um dos textos cabalísticos mais antigos que se conhece, além de terrivelmente difícil. Ele concordou, mas por seu intermédio fiquei sabendo que em Munique quem quisesse defender uma tese de doutorado em filosofia tinha necessariamente que fazer um curso paralelo em psicologia, disciplina que me provocava uma grande aversão. "Não tem importância, Sr. Scholem, vou conversar com o meu colega Becher", foi o que ele me disse. Mas justamente o colega Becher, que concluíra um trabalho sobre o peso do cérebro, era insuportável para mim. Minha aversão em relação à matéria em si aumentou mais ainda com as análises fenomenológicas de problemas psicológicos, muito comuns na época. Foi quando "rompi" com a fenomenologia de Husserl, que me entusiasmou durante alguns anos, a partir da impressão deixada pelas suas *Logische Untersuchungen* (*Investigações Lógicas*). As aulas expositivas de Wilhelm Pfän-

---

* Nas faculdades de filosofia das universidades alemãs, escolhem-se um estudo principal e dois outros paralelos. (N. da T.)

der, um discípulo de Husserl, me afastaram definitivamente dessa maneira de pensar. Compareci a uma palestra em que ele empreendeu a façanha de concretizar a existência de Deus (da qual nunca duvidei) através da fenomenologia. Isso já era demais! O seu seminário, assistido por algumas pessoas de muita perspicácia (Maximilian Beck, por exemplo), onde se discutia durante horas na maior seriedade se um peixe frito ainda podia ser considerado um peixe, acabou por me afastar definitivamente desse círculo. Quanto a isto, devo dizer que o modo de pensar de Walter Benjamin, com o qual me familiarizei nesses anos e que estava bem distante do que se poderia chamar de filosofia universitária, impediu-me de levar muito a sério os docentes de filosofia, desde que não fossem historiadores.

Portanto segui outro conselho de Bäumker e mudei novamente minha matrícula, passando a estudar literatura e línguas semíticas como matéria principal. Fritz Hommel, que já me conhecia do seminário e dos exercícios de árabe, recebeu-me com muita amabilidade, embora tenha aceito de mim, em sua longa carreira, apenas uma dissertação sobre o judaísmo. Bäumker e Hommel já haviam passado dos sessenta e cinco anos; o primeiro era um católico fervoroso, o segundo um protestante luterano igualmente fervoroso. Hommel se especializara em assírio, mas foi bastante liberal, dispensando-me dessa matéria e exigindo somente que eu cursasse as cadeiras de árabe e etíope, além de hebraico e aramaico, idiomas com os quais já me familiarizara. Em sua carreira científica, estava sob o fogo cruzado de várias polêmicas. Mantivemos excelentes relações nos dois anos e meio em que fui seu aluno.

Nesse primeiro semestre (de inverno) em Munique, Göttsberger, professor católico que se dedicava ao Antigo Testamento, dava aulas de exercício na "Leitura do Talmud Babilônico". Elsa Burchhardt, Rudolf Hallo e eu fomos dar uma olhada para ver como é que funcionavam esses exercícios. Os demais alunos eram seminaristas católicos. É preciso saber que o texto do Talmud não tem pontuação e um dos obstáculos a transpor no seu estudo é distinguir se se está diante de uma afirmação ou de uma pergunta. Logo no início, o professor cometeu um lapso grave. Levantei a mão e disse: "Professor, essa frase não é afirmativa, é uma interrogação". Ao que ele me perguntou: "Como é que o senhor sabe?" "Isso é o que diz Raschi", respondi, "e vem de uma tradição secular." "Sutilezas rabínicas" foi todo o seu comentário, acabando com a discussão. Só podíamos rir do episódio, convencidos de que com esse senhor não havia nada a aprender. Em compensação, havia em Munique um excelente talmudista com quem aprendemos o tratado sobre os contratos de casamento, reunindo-nos no seu apartamento todos os dias por uma hora, no verão, de manhã cedo, após a oração matinal na sinagoga, e, no inverno, à tarde. Isso pode soar um pouco estranho, mas na realidade esse é um dos tratados mais interessantes e mais ricos em conteúdo, popularmente conhecido como "o pequeno Talmud", porque dele consta de tudo um pouco. Tem cento e doze páginas, e eu o "aprendi" do começo ao fim nesses anos em Munique. O Dr. Ehrentreu, oriundo da Hungria como muitos outros rabinos na Alemanha, era o rabino da pequena sinagoga ortodoxa que não queria nem saber do órgão utilizado na grande sinagoga, situada perto de Stachus*. Era um grande estudioso das Escrituras, cuja aparência correspondia em tudo à idéia de que se tem de um sábio do Talmud. Pessoa equilibrada, conciliadora, era uma exceção entre a nova geração ortodoxa, que assumira uma posição bastante combatente. Esta nova geração ortodoxa costumava passar um ou dois anos estudando o Talmud junto à Ieschivot húngara ou lituana, fortemente anti-sionista, voltando sempre bastante mudada. Ehrentreu sabia que eu não era ortodoxo, o que não o impediu de gostar de mim. Mas um de seus filhos, que viera de Galanta para pas-

---

* Nome pelo qual é conhecida uma praça de Munique, a Karlsplatz. (N. da T.)

sar as férias em Munique, recusou-se a apertar minha mão ao me cumprimentar, criticando seu pai por aceitar um herege como eu no seu curso de Talmud. "A luz da Torá vai levá-lo ao bom caminho", respondeu o pai, utilizando uma máxima do Talmud. Conservo uma grata lembrança de Bleichrode e Ehrentreu, os dois professores da minha juventude a quem muito devo.

O apelido de Elsa Burchhardt, que vinha de uma família de médicos muito religiosa de Hamburgo, era Escha; junto com Escha e Leo Wislicki, um estudante de Kattowitz, quatro anos mais novo, que conheci na casa de Ehrentreu (ele tornou-se professor de farmacologia em Jerusalém e é até hoje um amigo no espírito de Ehrentreu), li a obra filosófica de Maimônides, *Führer der Verwirrten* (*O Guia dos Desorientados*). Como estava estudando a sintaxe árabe, consegui superar facilmente a imitação da construção de frases árabes que costuma dificultar a compreensão. Passava a maior parte do tempo na seção de manuscritos da Biblioteca Estatal da Baviera, com a mesa enfeitada de códices hebraicos e texto impressos. Ao meu lado geralmente estava um homem excepcionalmente magro, talvez uns dez anos mais velho que eu, com os traços marcantes e inconfundíveis de um intelectual judeu, com a mesa repleta de livros e textos em alemão e que, como eu, chegava logo após a abertura da biblioteca, para tomar o seu lugar. Tratava-se de Eduard Berend, de Hanôver, o mais importante investigador da obra de Jean Paul, que ali preparava a edição crítica de um de meus autores preferidos entre os clássicos alemães. Contei-lhe da minha predileção e ele me disse: "Mas então quem sabe o senhor possa me ajudar com informações sobre as estórias de rabinos; Jean Paul escreveu várias delas". Só levei comigo a Israel a obra completa de dois autores alemães: Jean Paul e Paul Scheerbart. Num compêndio de literatura contemporânea de 1905, que Werner Kraft me mostrou poucos dias antes de eu escrever estas linhas, li na rubrica sobre Scheerbart esta frase tão verdadeira: "O menos lido entre os importantes escritores contemporâneos, por ser o único a não incluir componentes eróticos em seus livros". E isso da pena de nenhum outro senão Hans Heinz Ewers! Como ninguém lia Scheerbart, encontrei vários textos seus, entre estes, alguns maravilhosos e raros, nos sebos de Munique, por um preço ínfimo.

Em Munique reencontrei Toni Halle e Käthe Ollendorf, que acabara de se separar de Johannes R. Becher, ambas daquele grupo de Iena e a nós veio se juntar Gustav Steinschneider, que serviu na mesma companhia que eu em 1917. Escha e eu estávamos preocupados com a sua situação e tratamos de ajudá-lo. Seu avô foi o maior bibliógrafo hebraico do século passado, um profundo conhecedor das Escrituras e além disso um homem que, em idade avançada, defendia abertamente sua posição: para ele, a função das ciências judaicas era promover um enterro decente desse fenômeno significativo porém em declínio. Nessa área, ele na certa foi o primeiro corifeu confessadamente agnóstico, senão ateu. Tinha uma grande admiração por este formidável cientista que eu poderia avistar em algum banco de jardim, com seus noventa anos, se em vez de brincar no Märkischer Park eu tivesse brincado em Friedrichshain. Já estivera refletindo bastante sobre esse grupo de "liquidadores eruditos", cogitando em escrever em 1921 um artigo sobre o suicídio do judaísmo nas chamadas ciências judaicas, a ser publicado na revista *Angelus Novus*, de Walter Benjamin, que afinal não saiu.

Gustav vinha de uma família muito parecida à minha. Seu pai era um dos principais membros da União Monística de Berlim, a mais conhecida entre as organizações de ateus de esquerda, e assim meu amigo e seus irmãos foram parar na seção juvenil da União, intitulada O Sol. O irmão mais velho de Gustav tornara-se comunista, o menor era um sionista convicto e um dos primeiros *Halutzim* da Alemanha que foram a Israel; quanto a Gustav, hesitava entre uma e outra posição, aliás com muita calma e sensatez. Tanto ele como seu irmão caçula, Karl, tinham uma certa distinção natural na maneira de ser, muito talento para a música, mas Gustav era completamente alheio ao mundo e incapaz de fazer qualquer coisa "prática". Falava muito devagar, estirando melodicamente as sílabas e palavras. Durante o serviço militar em Allenstein, estivemos alojados no mesmo quarto. É fato sabido que a palavra mais usada no linguajar dos soldados é "merda", e naquela época já era assim. Gustav foi a primeira e única pessoa que conheci capaz de pronunciar a dita palavra como se ela pertencesse ao mais alto vocabulário alemão ou à linguagem que os georgianos empregam no culto. Tinha tendência à hipocondria e seu rosto magro, com marcas de cansaço, já revelava um filósofo em potencial. Lia livros dos quais eu nunca tinha ouvido falar, e certa vez me recomendou os textos de Adrien Turel, um filósofo expressionista que freqüentava assiduamente a casa dos Steinschneider; li e não entendi nada. Fomos muito amigos e estivemos várias vezes juntos nesses quatro anos em que ainda permaneci na Alemanha; como o seu caráter era diametralmente oposto ao meu, talvez por isso mesmo tenhamos nos aproximado. Gustav passou seu primeiro ano em Munique conosco, e tanto Escha como eu tratamos de convencê-lo a cursar alguma carreira regular, qualquer que fosse, no que naturalmente fracassamos. Após 1933, foi preciso recorrer à proteção dos mais altos escalões, ou seja à interferência do meu amigo Salman Rubaschow junto ao prefeito de Tel Aviv, para conseguir para Gustav, entre outros doutores e artistas das mais diversas disciplinas, um simples emprego de varredor de ruas. Essa atividade noturna lhe permitia filosofar durante o dia ou então (o que passou a fazer depois) tocar piano a quatro mãos com minha tia, uma excelente pianista que havia estudado com Konrad Ansorge. Aliás ele era muito respeitado e querido entre os seus colegas. Ser gari era uma das poucas profissões em que não era preciso saber hebraico.

Quando Heinz Pflaum se mudou, Escha Burchhardt passou para o quarto que ele ocupara no apartamento da Türkenstrasse, bem no fim do corredor. Em frente, morava a desenhista e ilustradora Tom Freud, uma sobrinha de Sigmund Freud, ela também uma das figuras inesquecíveis daqueles anos. Sua feiúra chegava a ser pitoresca e nisso era o oposto da sua irmã mais velha, Lilly Marlé, casada com o ator Arnold Marlé, que sempre vinha visitá-la. O casal Marlé fazia parte de uma pequena companhia de teatro, além de participar de recitais, principalmente em festas e reuniões no meio judaico. Lilly era belíssima e muito parecida com as representações que pintores e aquarelistas faziam da heroína que dera o título ao Livro de Ruth na Bíblia. Tom era uma ilustradora genial de livros infantis, alguns dos quais também escreveu. Agnon passou o inverno de 1919-1920 em Munique, vindo sempre nos visitar. Ele havia escrito um livro infantil em hebraico, descrevendo em longos versos e glorificando cada letra do alfabeto. A União Sionista pretendia lançá-lo na Alemanha em grande tiragem e Tom Freud fora encarregada de fazer as ilustrações. Assim, Agnon tinha logo três pessoas para visitar no mesmo apartamento, quando vinha conversar com Tom sobre esse trabalho. Era como se Tom vivesse só de cigarros pois o seu quarto estava sempre envolto em fumaça, o que não incomodava Agnon e outras visitas tanto quanto a mim. À medida que os anos foram passando, aumentou minha aversão por ambientes carregados de fumaça e mesmo então era preciso algum motivo muito especial para eu permanecer por mais tempo no seu quarto. Era uma autêntica boêmia, tinha vários amigos artistas e escritores e foi na sua "casa" que travei uma das mais ásperas discussões sobre sionismo quando ali me encontrei com Otto Flake, um escritor famoso (então) que vivia ali por perto. Flake, homem magro, elegante e de excelente aparência, era alemão, defendia (então) um liberalismo de esquerda e pregava a integração total dos judeus na Alemanha (pelo menos era o que pregava naquela época), na certeza de que isso seria muito proveitoso precisamente para os alemães. Só que ele veio expor suas idéias à pessoa errada e nossa conversa transcorreu como era de se esperar. Se não me engano, depois ele reconheceu que o assunto era bem mais complicado.

Agnon estava às vésperas do seu noivado com Esther Marx, moça muito bonita, e estive tentado a dizer que de uma das mais "nobres" famílias da ortodoxia judaica na Alemanha, família cujo renome não se extinguiu até hoje. Esther Marx tinha duas características que então me pareceram bastante curiosas: era uma convicta defensora do ateísmo e ao mesmo tempo uma grande admiradora e conhecedora do hebraico, uma combinação rara de se encontrar entre os judeus alemães. Como Esther estava passando o inverno em Starnberg, Agnon me mostrava, todo orgulhoso, os seus postais escritos numa caligrafia perfeita e num hebraico igualmente perfeito, quase sem erros. Estava traduzindo vários contos de Agnon para o alemão – às vezes diretamente do manuscrito –, entre estes alguns que se situam entre os melhores, publicados no livro *Judeus*. Costumávamos sair para dar umas voltas por Munique, principalmente ao longo do Rio Isar, ou então pelo Jardim Inglês, ocasião em que expunha suas preferências ou aversões quanto à literatura hebraica, sobretudo a contemporânea, ele que era um conversador incansável. É bem provável que eu também falasse um bocado. Muitas vezes conversávamos sobre os judeus alemães, em relação a quem assumíamos uma atitude crítica e de distanciamento, embora cada qual o fizesse de maneira distinta. Agnon fizera amizade com alguns intelectuais alemães, tecendo muitos elogios a eles. Poderíamos até dizer que Agnon, vindo de tão longe, conseguia compreender os alemães bem mais do que eu, graças à sua intuição. Conversávamos em hebraico, o que não tive muita oportunidade de fazer nesses anos em Munique. De quando em quando nos encontrávamos com Ariel Avigdor, filho de um dos fundadores da aldeia judaica de Gedera, que se formara em engenharia e trabalhava numa grande central elétrica perto de Munique, preparando-se para suas futuras atividades em Israel; conversávamos muito sobre o futuro e a vida em Israel.

Ao regressar da Suíça, fora visitar Martin Buber em Heppenheim, tendo a sensatez de escolher o roteiro mais "aborrecido", passando por Basiléia e Frankfurt, em vez de ir pelo Lago de Constança. Buber aprovou minha decisão de dedicar-me ao estudo da Cabala e demonstrou grande interesse. Contei-lhe que pretendia estudar em Munique. "Mas então tenho aqui uma coisa para você, da qual você não tem a mínima idéia", disse-me ele, pegando dentre os seus papéis um folheto de umas oito páginas. Tratava-se dos estatutos da Sociedade de Pesquisa da Cabala Johann Albert Widmannstetter, sediada em Munique, e anexo um formulário de inscrição datado de 5 de novembro de 1918. Não deixava de ser uma bela surpresa! Ainda conservo esse livrinho, presente de Buber e provavelmente o único exemplar que tenha restado da tal sociedade. O parágrafo dois dos estatutos dizia o seguinte: "O objetivo da sociedade é incentivar a investigação da Cabala e seus manuscritos, abandonada por muito tempo devido a circunstâncias casuais alheias às ciências e sob a influência de preconceitos". E isso não era tudo: o presidente e o vice-presidente da sociedade eram, nada mais nada menos, que os professores Fritz Hommel e Clemens Bäumker, com quem faria o doutoramento e que não me haviam dito nada sobre a fundação da sociedade! Buber me contou os pormenores. Ela devia sua existência ao seu "secretário", o Dr. Robert Eisler, seu único membro ativo, de tal modo que ele "era a sociedade". Como não tinha a menor idéia de quem era Eisler, Buber me esclareceu. Disse que Robert Eisler, filho de um milionário de Viena, tinha uns trinta e cinco anos, era muito talentoso, ativo e ambicioso, interessava-se por toda uma gama de temas científicos e sabia defender suas posições. Eisler escreveu uma obra bastante interessante que os especialistas receberam com uma série de objeções. Nesses dois volumes, sob o atrativo título *Weltenmantel und Himmelszelt* (*O Manto do Mundo e o Firmamento*), Eisler revelou-se um historiador das religiões muito original, levantando várias hipóteses. Robert Eisler havia conseguido realizar uma façanha singular: doutorar-se duas vezes pela mesma faculdade, em Viena. Defendeu a primeira tese, "Estudos sobre a Teoria do Valor", bem jovem e alguns anos depois apresentou uma outra sobre história das religiões, porque ninguém imaginou que esses dois Eisler fossem na verdade uma única pessoa. Não obstante ter sido batizado por causa de sua amada, a filha de um conhecido pintor austríaco, isso não bastou para romper a barreira da desconfiança, e Eisler fracassou em todas as tentativas de lecionar numa universidade. Segundo Buber, sua figura marcante de judeu não agradava aos cristãos, assim como aos judeus não agradava o fato de ser batizado. A idéia de fundar uma sociedade voltada à pesquisa da Cabala partiu dele, que por meio de cartas e visitas conseguiu convencer outros nove cientistas de renome a integrar á direção da sociedade, cujos objetivos eram bastante claros. No início de 1918, pouco após uma visita minha, Eisler esteve com Buber mostrando-lhe as respostas dos catedráticos, concordando com o propósito (entre estas a do filho de Heinrich Grätz, catedrático de física em Munique!). Levou também um artigo para *Der Jude*, expondo a importância dessa pesquisa para a história das religiões e em particular para o conhecimento do judaísmo. Buber corrigiu a prova tipográfica desse artigo, que ainda possuo. Ele chamou a atenção de Eisler, dizendo que publicava tanto artigos de judeus como de não-judeus num "semanário em prol de um judaísmo vivo", mas não podia aceitar contribuições de um renegado, independentemente do motivo que o levou ao batismo. Eisler respondeu que havia muito decidira voltar ao judaísmo e que estava prestes a dar esse passo junto à comunidade judaica de Munique. Buber lhe disse: "Doutor, vou mandar seu artigo para a tipografia, mas só posso publicá-lo quando o senhor me comunicar que o fato foi consumado". Desde então não teve notícias de

Eisler, excluindo-se o envio dos estatutos, dos quais também consta o seu nome. Como havia passado um ano e meio, Buber achava que as coisas haviam ficado por isso mesmo e portanto me deu o artigo não publicado, pois poderia me interessar. De qualquer forma, ele me aconselhou a entrar em contato com o Dr. Eisler, que morava em Feldafing, perto do Lago Starnberg.

Segui a recomendação de Buber, comprei imediatamente *O Manto do Mundo e o Firmamento*, e inspirado pelo título do livro, atribuí ao "Professor Robert Eisler", no programa de cursos da "Universidade de Muri", criada por Benjamin e por mim numa brincadeira, o seguinte seminário: "*Manteaux* para Senhoras, Firmas e Lamentos sob a Óptica da História das Religiões". E assim teve início uma amizade que sem dúvida foi uma das mais cômicas em minha vida. Eisler me convidou a visitá-lo no palacete perto do Lago Starnberg, que lhe restara dos tempos de milionário. (Com a inflação, ele perdeu tudo, menos essa mansão, como aliás aconteceu com muita gente – e sobrevivia alugando quartos a hóspedes ingleses.) Fui levado a uma biblioteca repleta de livros até o teto, onde se encontrava literatura erudita sobre todos os assuntos possíveis e imagináveis, e lá fiquei esperando durante alguns minutos. Meus olhos bateram em dez volumes pequenos, encadernados em marroquim verde, com o título: *Erotica et Curiosa*. Como não perdia tempo, tirei um dos livros da estante; era uma falsa coleção para ocultar o que estava detrás: copos de conhaque e garrafas de bebidas. Eisler me recebeu de braços abertos, como se eu fosse um anjo enviado para dar o sopro que daria vida cabalística à sua sociedade, só existente no papel. (Johann Albert Widmannstetter, que lhe dera o nome, falecera em 1557, tendo vivido durante vários anos em diversas missões na Itália. Da sua biblioteca vieram os principais manuscritos hebraicos – inclusive os cabalísticos – reunidos em Munique, os quais estudaria nos próximos dois anos.) Dificilmente ele encontraria uma outra pessoa tão interessada quanto eu. Como eu trabalhava com a maior seriedade, submetendo-me à disciplina da filologia, suas pesquisas nessa área (que ele me relatou) me pareceram levianas e despertaram o meu ceticismo, principalmente a sua "descoberta" do verdadeiro autor do livro *Jezira*, o mais antigo texto hebraico especulativo, dos tempos do Talmud, um texto breve que os cabalistas consideram o seu livro básico.

A eloqüência de Robert Eisler era tão fantástica quanto a sua cultura. Elas causavam uma boa impressão, mas careciam de seriedade. De qualquer forma, eu não havia conhecido nenhum fenômeno em matéria de erudição como ele, de uma genialidade fascinante e ao mesmo tempo de um brilho suspeito. O que o tornou muito simpático aos meus olhos foi o fato de não guardar rancor quando discordava de suas posições. As graves e lamentáveis falhas nos seus conhecimentos de hebraico logo se fizeram notar. "O senhor me considera um filólogo amador", disse-me ele, certa vez, sem me levar a mal. Sua fantasia em matéria de combinar elementos passava por cima de todos os obstáculos que a crítica e a história pudessem colocar em seu caminho. Realmente não se podia acusá-lo de pobreza de idéias, algumas bastante tentadoras, e isso em áreas tão distintas como as inscrições proto-semíticas na Península do Sinai, os mistérios gregos, a origem dos ciganos, a história do dinheiro, a origem do cristianismo e muitos outros temas que tinham sobretudo uma característica comum: eram todos assuntos repletos de interrogações, deixando uma grande margem de ação para um gênio da combinação. Quem o ouvisse discursar, ficava impressionado com o seu talento para a oratória. Quem lesse seus textos, ficava boquiaberto com a riqueza de citações e a menção das mais incríveis e longínquas fontes. Rastelli foi um grande equilibrista, mas Eisler não ficava atrás em matéria de malabarismo com a ciência. Seus adversários – defensores ele não tinha muitos, uns quatro ou cinco, embora bastante influentes – diziam que Eisler era um especulador astuto atuando no campo científico, uma alfinetada que mal ocultava a ponta de anti-semitismo. Em resumo, Eisler era único na sua maneira de ser. Todos os editores que publicaram um livro seu nunca mais quiseram saber de entendimentos com ele. É que Eisler costumava reescrever cada livro durante a correção das provas, de forma a duplicar sua extensão e cada publicação acabava numa briga com o editor.

Por seu intermédio, inteirei-me do círculo formado em Hamburgo em torno de Aby Warburg e sua biblioteca científico-cultural, perante o qual Eisler pronunciou uma conferência no início dos anos 20 que deixou o público muito entusiasmado, cuja publicação resultou em quatrocentas páginas de caracteres bastante comprimidos. O que ele me contou sobre Warburg e esse grupo despertou a minha simpatia pelas perspectivas tão interessantes que ali se abriam. A partir de 1926, meus estudos foram recebidos com muito interesse por esse círculo, e principalmente após duas visitas a Hamburgo, em 1927 e 1932, fiz amizade com algumas dessas pessoas, sem falar nos contatos mais de caráter objetivo. O grupo existiu ao longo de vinte e cinco anos, e, a não ser por uma ou outra exceção, era integrado por judeus que se situavam em relação às questões judaicas numa escala de intensidade que ia da simpatia moderada ao ponto zero, se é que não passavam abaixo de zero. Eu costumava definir os três grupos formados em torno da biblioteca de Warburg, do Instituto de Pesquisa Social de Max Horkheimer e dos magos metafísicos ligados a Oskar Goldberg como sendo as três "seitas judaicas" mais importantes do judaísmo alemão, o que nem todos gostaram de ouvir.

Quando estava comigo, Eisler comportava-se como judeu. Seu repertório de piadas e anedotas sobre judeus era inesgotável e era compreensível que ele abrisse seu coração de judeu perante uma pessoa como eu, quando costumava adotar uma atitude de reserva para com os não-judeus. Mas esta não é a ocasião adequada para falar do seu destino, das suas aventuras pessoais e no terreno da ciência. Estive em contato com ele até 1938, quando Eisler conseguiu ir para a Inglaterra, após uma terrível experiência num campo de concentração, onde passou algumas semanas. Em 1946, quando menos esperava, recebi, acompanhado de "cordiais saudações", um manuscrito de duzentas e cinqüenta páginas em inglês sobre a solução definitiva da questão palestina, escrito por Eisler, que estava à procura de um editor, que aliás nunca encontrou. É preciso dizer que ele havia sido pró-sionista e me comunicara por carta a intenção de doar sua biblioteca à Universidade de Jerusalém. Eisler, pelo visto, mudara de opinião – nessa época, Ernest Bevin governava em Whitehall e tentava liquidar o sionismo – pois, em meio a um palavrório deslavadamente anti-sionista, apresentava uma proposta no mínimo original. Todos os judeus que não fossem considerados suficientemente piedosos para permanecer em Israel orando – a decisão caberia a uma comissão integrada por três teólogos anglicanos e três rabinos dos mais ortodoxos – deveriam escolher entre retornar aos seus países de origem, ou, caso insistissem num Estado judaico, tomar posse do segundo distrito de Viena (Leopoldstadt) e de toda a cidade de Frankfurt, regiões que deveriam ser evacuadas pelos alemães e declaradas como Estado judaico, sob a proteção do direito internacional. Depois de tudo o que fizeram, os alemães não teriam o direito de reclamar a perda de Frankfurt, a cidade da mais famosa comunidade judaica na Alemanha, transformada em Estado judaico. Propunha também que a frota inglesa se encarregasse do transporte. Devolvi o manuscrito por correio, acompanhado de um bilhete com uma única palavra: "Basta".

Mas os meus primeiros livros, publicados em 1923 e 1927 na Alemanha, constaram como volumes I e II da série *Fontes e Pesquisas sobre a História da Mística Judaica, editada pela Sociedade Johann Albert Widmannstetter, sob a coordenação de Robert Eisler.* Esses foram os únicos sinais de vida dessa sociedade fictícia.

Certa vez Eisler me disse haver contado a Gustav Meyrink em Starnberg sobre os meus estudos cabalísticos.

Meyrink gostaria de me conhecer pois queria que eu lhe explicasse algumas passagens que ele próprio havia escrito. É óbvio que tudo isso me parecesse bastante estranho. Meyrink era um famoso escritor que aliava um dom extraordinário para a sátira antiburguesa (é o autor de *Des deutschen Spiessers Wunderhorn* [*A Cornucópia do Pequeno Burguês Alemão*]) a uma grande habilidade para utilizar a mística para obter sucesso como escritor. Escreveu alguns contos excelentes, embora não muito sérios, cuja qualidade literária só foi superada recentemente por Jorge Luis Borges. Naqueles tempos, Meyrink também já havia publicado dois romances místicos de muito sucesso, verdadeiros *best sellers*, *Der Golem* (*Golem*) e *Das grüne Gesicht* (*O Rosto Verde*), cuja leitura me deixou atônito devido à pseudocabala ali apresentada. Portanto foi com certa curiosidade que fui a Starnberg em 1921, onde travei conhecimento com um homem de profundas convicções místicas, aliadas indissoluvelmente ao que se pode chamar de charlatanismo literário. Meyrink mostrou-me algumas passagens de seus romances. "Eu escrevi isto, mas não sei o que significa. Talvez o senhor possa me explicar." O que não era muito difícil para quem não só conhecia algo sobre a Cabala como também sobre o seu uso impróprio ou desvirtuamento nos textos ocultistas ou teosóficos de Madame Blavatski e círculos afins. Mas por seu intermédio fiquei sabendo como é que um autor tira proveito do pseudomisticismo. Vou citar apenas um exemplo. Num capítulo de profundo misticismo do seu livro *Golem*, intitulado "Medo", o herói tem uma visão cabalística em que aparece uma figura com hieróglifos luminosos estampados no peito, numa língua estranha. Essa figura pergunta ao herói se ele entende a inscrição. "E quando eu... disse que não, ela estendeu as palmas da mão na minha direção e os dizeres luminosos apareceram no meu peito, inicialmente em caracteres latinos – CHABRAT ZEREH AUR BOCHER –, para depois transformar-se numa escrita desconhecida para mim." Eu disse a Meyrink que isso devia ser o nome de alguma loja mística, nome retraduzido ao hebraico, algo assim como Loja Sementes do Crepúsculo. Porém, não sabia se ela realmente existiu ou se não passava de uma invenção. Cinqüenta anos mais tarde, descobri que nos tempos de Napoleão houve uma loja de judeus em Frankfurt, famosa na história da maçonaria, cujo nome, Loja Aurora do Crepúsculo Nascente, fora erroneamente transcrito por um ignorante num livro inglês que constava da biblioteca de Meyrink.

Contrastando com as estórias fantásticas que escrevia, Meyrink tinha uma aparência insignificante, era o pequeno burguês em pessoa. Enquanto tomávamos café em sua casa, começou a contar suas experiências, por exemplo, que praticando a magia se curara de um tipo de tuberculose óssea na coluna vertebral, uma enfermidade mortal de que fora acometido. De repente, me perguntou à queima-roupa: "O senhor sabe onde Deus mora?" Ora, era muito difícil responder a uma pergunta dessas com precisão, a não ser recorrendo à fórmula do famoso Rabi Mendel de Kozk: Onde o deixam entrar. Meyrink olhou fixamente para mim e disse: "Na medula". Isso era novidade para mim, e assim fiquei conhecendo o famoso livro de ioga, *The Serpent Power*, de Sir John Woodroffe, aliás Richard Avalon, obra da qual Meyrink provavelmente possuía o único exemplar existente na Alemanha. Visitei-o mais uma ou duas vezes e seu atrevimento me deixava assombrado. Ele pretendia publicar biografias romanceadas de grandes ocultistas e mistagogos, perguntando-me se eu não queria escrever um livro desses sobre Isaak Luria, o mais famoso cabalista, não apenas entre os legendários. Por sua vez, ele estava pensando em escrever algo do gênero sobre Eliphas Lévi, um autor que teria cabimento nessa série. Era fato sabido que um grande número de escritores escondia seu nome judeu detrás de um pseudônimo. Alphonse Louis Constant era um caso raro, senão único, de um autor a percorrer o caminho inverso e popularizar o seu charlatanismo fantasioso sob um pseudônimo hebraico, dando uma de *grand kabbaliste*. O último livro de Meyrink, *Der Engel vom Westlichen Fenster* (*O*

*Anjo da Janela Ocidental*) baseava-se na mesma idéia, de descrever num romance místico a vida do Dr. John Dee, um renomado sábio e ocultista que viveu nos tempos da Rainha Elizabeth.

A Eisler devo ainda ter conhecido Emil Forrer. Naquela época, começava a brilhar em Munique a sua estrela de jovem gênio nas ciências do antigo Oriente, especialmente no estudo do povo hitita (estrela cujo brilho arrefeceu um pouco depois). Ele acabava de provar que o hitita era uma língua indo-germânica. Forrer e sua mulher tinham uns vinte e cinco anos, vinham da União Livre da Juventude Alemã e simpatizavam com o sionismo. Eles nos convidaram várias veze – a mim e a Escha –, e eu tinha uma grande admiração pela força de vontade com que Forrer se dedicava ao trabalho. Era um prazer estar com esse casal. Quando se mudaram para Berlim, em meados de 1921, fomos morar no apartamento que eles haviam deixado, na Gabelsbergerstrasse, em frente à Escola Técnica Superior. Anos mais tarde, um dos muitos choques que a era hitlerista nos trouxe nos aspectos mais inofensivos, foi saber que até Forrer havia aderido ao nazismo. Sua mulher não adotou a mesma posição, separou-se dele e posteriormente esteve várias vezes em Israel, visitando seus amigos judeus.


Em Munique, tive a oportunidade de presenciar o surgimento do nacional-socialismo na universidade. O ambiente na cidade era insuportável, o que hoje se trata de ignorar descrevendo-o melhor do que era na realidade. Impossível por exemplo não reparar nos imensos cartazes vermelhos como sangue, com dizeres não menos sanguinários, convidando a assistir aos discursos de Hitler. "Companheiros do povo alemão são bem-vindos. Entrada proibida a judeus." Essas coisas não me afetavam, uma vez que havia muito eu já tinha decidido sair da Alemanha. Mas era terrível notar a cegueira dos judeus que não queriam saber de nada, não queriam enxergar nada. Isso dificultou bastante meu relacionamento com os judeus de Munique que ficavam irritados, furiosos quando se tocava no assunto, e portanto meu contato ficou restrito a um pequeno círculo de correligionários. Entre estes estava o Dr. August Scheler, um juiz que durante vários anos presidiu o grupo sionista local. Nesses anos, qualquer pessoa interessada na vida intelectual citava Max Scheler, um dos grandes filósofos da nossa era. Quanto a ele, sabe-se lá por que razão, fazia de tudo para reduzir ao mínimo sua origem judaica. Cada um que conversava com Scheler contava uma outra versão, ouvida do próprio gênio em pessoa. Ora sua mãe era judia e o pai protestante; ora dizia que o pai era de uma família protestante mas se convertera ao judaísmo para casar-se; ou então que o pai era judeu e a mãe de família católica. O Dr. Scheler era tão parecido com o filósofo do mesmo sobrenome que até poderia ser confundido com ele, não fosse por faltar-lhe a centelha da genialidade. Certa vez eu lhe perguntei o que havia de verdade nessas estórias, se ele sabia de alguma coisa. O Dr. Scheler sorriu e me disse: "Ele é meu primo; é claro que conheci seus pais muito bem. Ambos eram bons judeus de uma antiga família judia bávara e Scheler foi educado dentro do judaísmo. Nós nos divertimos muito com a sua mania patológica de enganar os demais". Acontece que essas estórias, uma vez contadas, acabam sendo repetidas e viram uma lenda.

Várias vezes fui convidado a almoçar aos sábados na casa do Dr. Eli Strauss, que era sionista e vice-presidente da Comunidade Judaica de Munique, onde as canções hebraicas do *Schabat*, antes da oração à mesa e especialmente o salmo vinte e três, eram cantadas com melodias muito bonitas. Seu bisavô era uma figura quase mítica para os judeus alemães, e até na minha geração seu nome, sua lenda, era muito popular entre os judeus do sul da Alemanha. O Rabi Seckel Wormser era conhecido por todos como "O Baalschem de Michelstadt", uma cidadezinha em Odenwald. Eli Strauss e seu irmão Raphael possuíam vários manuscritos e documentos do rabino, cujos atos milagrosos inspiraram as reflexões de Ernst Bloch em seu livro *Spuren* (*Vestígios*). Em abril de 1920, Strauss me disse: "Agora há pouco me ligou o grande antiquário Emil Hirsch. Ele conseguiu um exemplar do livro de Eisenmenger, *Entdecktes Judentum* (*O Judaísmo Descoberto*) e colocou um anúncio na revista do comércio livreiro alemão. Recebeu imediatamente uma oferta da União em Defesa do Povo Alemão num cartão com uma enorme suástica. Isso o deixou preocupado, afinal ele é judeu e não gostaria de vender um livro desses aos anti-semitas. Hirsch me perguntou se eu conheço algum judeu interessado em comprá-lo, alguém confiável. Ele não está atrás de lucro. Que tal, não lhe interessa?" É claro que interessava, pois os dois volumes terrivelmente grossos de Eisenmenger, editados em 1700, eram a obra mais famosa, mais erudita e ao mesmo tempo mais estúpida da literatura anti-semita, e comprá-la, com os meus parcos recursos, estava fora de cogitação. De modo que saí do almoço diretamente para a casa de Hirsch na Carolinenplatz e lhe expliquei quem eu era, de onde vinha. Ele me respondeu: "A minha única preocupação é que o livro vá parar nas mãos certas. Eu paguei cinqüenta marcos por ele". Soma que eu podia pagar e com muito prazer. Equivalia então a meio dólar.

Em fins de janeiro de 1922, eu terminara minha tese e estava me preparando para o exame oral. Hommel me disse: "Sr. Scholem, nas duas semanas até a sua prova, não abra nenhum livro. Vá dar um passeio pelo Parque Inglês, faça tudo o que lhe der prazer, menos o que esteja relacionado com a prova. Isso é muito mais efetivo do que ficar se matando de estudar". Um bom conselho, de um homem sensato. Minha prova de matemática caiu com o Professor Ferdinand Lindemann, o que de certa forma me deixou orgulhoso. Afinal de contas, esse era o famoso matemático que quarenta anos atrás havia resolvido de uma vez por todas o problema da quadratura do círculo. Era de praxe o aluno apresentar-se ao examinador para informar-lhe das áreas em que se especializara. Lindemann era curador da universidade e quase não lia mais. Ele me recebeu atenciosamente, dizendo-me: "Pelo que sei o senhor estudou nove semestres de matemática e portanto deve saber uma porção de coisas". No exame, dia 3 de março, ele fez uma brincadeira comigo, pedindo que expusesse o raciocínio de Charles Hermite para provar a transcendência do número $e$. O engraçado era que a prova apresentada por Lindemann de que o    também é um número transcendente não passava de uma aplicação engenhosa, uma continuação da demonstração de Hermite. Por sua vez, Bäumker, que me conhecia bem, perguntou na meia hora que lhe cabia sobre a teoria do raciocínio de Hermann Lotze, pedindo-me que a analisasse. Nisso foi-se a meia hora. Quanto a Hommel, ele me disse o seguinte: "O senhor sabe muito mais que eu de hebraico e aramaico. Não vejo por que submetê-lo a um exame". Mas Hommel era apaixonado por inscrições do sul da Arábia e me fez decifrar uma pequena inscrição em sabeu e me pediu para ler alguns versos do famoso poema "Quassida de Imrulqais", que sei de cor até hoje.

Meus professores da disciplina principal, Hommel e Bäumker – este último exercia uma grande influência na faculdade –, me chamaram para conversar no dia seguinte. Sob a condição de apresentar um trabalho, eles me acenaram com a possibilidade de ser contratado para dar aulas de ciências judaicas, o que seria uma inovação nas universidades alemãs, como já mencionei. Embora eu não pensasse seriamente nessa alternativa, pelo menos podia alegar essa perspectiva frente ao meu pai, enquanto terminava meus estudos e me preparava para emigrar a Israel.

Um dia após o seu aniversário, meu pai adoeceu gravemente. Recebi um telegrama me chamando a Berlim e por alguns dias os médicos não alimentaram nenhuma esperança de cura. Não obstante ele se recuperou, embora muito devagar e a partir de então devia tomar muito cuidado. Meus irmãos mais velhos, que já estavam trabalhando na gráfica, tiveram que assumir os negócios. Quando meu pai estava fora de perigo, retornei a Munique para enviar meus livros e minhas coisas para Berlim. Depois, fui passar alguns dias em Frankfurt, pois Agnon se mudara para as suas redondezas. No ano anterior eu já estivera uns três dias em Frankfurt, quando me reuni várias vezes com Franz Rosenzweig. Em Munique eu havia estudado com Rudolf Hallo, um jovem bastante influenciado pelas idéias de Rosenzweig, e que, como ele, também nascera em Kassel. Hallo sempre me falava de Rosenzweig, de sua evolução, do seu interesse pelo judaísmo. No início de 1920, Hallo me trouxe sua obra-mestra recém-publicada, *Der Stern der Erlösung* (*A Estrela da Redenção*), sem dúvida um dos principais textos de teologia judaica do nosso século. De forma que acabei me correspondendo com Rosenzweig que já ouvira várias referências à minha pessoa. Nessa fase ele ainda estava com boa saúde e começara a estudar o Talmud com o famoso rabino de Frankfurt, o Dr. Nobel. Cada encontro com Rosenzweig tornava evidente a sua genialidade (considero uma grande bobagem que atualmente se tende a abolir essa categoria de pessoas geniais, como acho um disparate as "justificativas" nesse sentido); porém cada encontro também deixava transparecer seu carácter autoritário, ditatorial. Havíamos escolhido caminhos diferentes. Ele procurava reformar ou revolucionar – não sei qual dos dois termos seria mais preciso – o judaísmo alemão a partir de dentro; eu não depositava nenhuma esperança nesse amálgama que era o judaísmo alemão, acreditando que a renovação do judaísmo só se daria no seu renascimento em Israel. É natural que buscássemos o diálogo. De minha parte posso dizer que não havia encontrado até então – como não encontrei depois – ninguém que se voltasse à questão judaica com tanta intensidade, um intelectual que pelas suas idéias se situava entre mim e Buber. O que eu não sabia é que Rosenzweig me considerava um niilista. Durante a minha segunda visita chegamos a uma desavença total, numa longa conversação noturna sobre o judaísmo alemão e minha posição de repúdio. Eu jamais teria abordado tal tema tão espinhoso e que despertava em nós emoções tão fortes, se soubesse que Rosenzweig já estava com esclerose lateral na fase inicial, enfermidade que lhe foi fatal. Ele havia tido um primeiro ataque e os médicos não chegaram a um diagnóstico claro. Segundo me contaram, ele estava se recuperando e o único problema era uma certa dificuldade para articular as palavras. A discussão com Rosenzweig foi uma das mais tempestuosas da minha juventude, além de irreparável. Anos depois, Buber e Ernst Simon me pediram que escrevesse algum texto para ser incluído numa pasta especial que seria entregue a Rosenzweig no dia em que completasse quarenta anos, o que eu fiz. Nessa ocasião ele estava paralítico e já não conseguia falar. Quando fui a Frankfurt, em agosto de 1927, Ernst Simon me disse que ele se alegraria muito com a minha visita. Estive duas vezes em sua casa e lhe relatei sobre o meu trabalho. Seu estado era grave; só conseguia movimentar um único dedo, mas comunicava-se graças a um artefato construído especialmente, com uma agulha sobre uma placa contendo o alfabeto e sua esposa articulava as frases. Foram horas inesquecíveis, comoventes. Nesses anos ele ainda conseguiu escrever alguns trabalhos consideráveis, além de participar da tradução da Bíblia, iniciada por Buber, e manter uma intensa correspondência.

# NOVAMENTE BERLIM E FRANKFURT (1922-1923)

Ao retornar a Berlim, fiz a inscrição para o exame final de licenciatura em matemática, para o que me obrigaram a fazer um trabalho relacionado à teoria de Euler sobre as superfícies. Comprei então os manuais de matemática em hebraico adotados nos ginásios de Tel Aviv para ir me familiarizando com a terminologia necessária ao exercício do magistério em Israel. Impressionado com o meu doutoramento e pensando que a oferta dos meus professores de Munique me levasse a desistir das "extravagâncias e tolices" da minha juventude, meu pai permitiu que a minha tese fosse impressa na gráfica, quando os tipógrafos tivessem algumas horas livres. No auge da inflação, isso era uma maravilha. Há muito que as pessoas haviam deixado de imprimir suas teses de doutoramento porque ninguém tinha dinheiro para isso. *Das Buch Bahir* (*O Livro Bahir*) ficou pronto em um ano, sendo publicado na série de Eisler a que já me referi, pela editora Drugulin, de Kurt Wolff, que divulgava a literatura expressionista da época. (Quem é que não conhecia então os versos de Karl Kraus: "Em matéria de palavras, confesso / Tudo o que agita / Sai em Leipzig pela Drugulin / Nobre mancebo Wolff, eu protesto!") Nesse meio tempo eu prosseguira com meus estudos cabalísticos. A fim de aprofundar meus conhecimentos de literatura hebraica, passei horas e horas, sobretudo noites inteiras na biblioteca de Moses Marx, com quem fizera amizade depois de retornar da Suíça. Marx era uma pessoa estranha. Sócio de uma firma de tecidos no Spittelmarkt, era apaixonado por livros hebraicos, embora nem estivesse em condições de entender o conteúdo daqueles exemplares cuidados com tanto carinho e maravilhosamente encadernados pelos melhores especialistas de Berlim. Como muitos outros, ele era vítima da ilusão de ser muito rico quando na verdade já não possuía mais nada, ilusão provocada pela inflação. Marx era cunhado de Agnon, a quem nos apresentou em setembro de 1919. Homem muito sensível e vulnerável, Moses Marx deixara a ortodoxia para aderir ao sionismo; nele, fortes sentimentos judeus se aliavam a certos traços, bastante intensos, do caráter prussiano. Conheci várias pessoas que apresentavam essa combinação, Marx porém era o representante típico da categoria. Várias vezes fizemos juntos o mesmo percurso de ônibus, sentados na plataforma superior: do Spittelmarkt até a Helmstedter Strasse na Bayrischen Platz. Quantas vezes não passei a noite na sua biblioteca, das sete horas da noite às sete da manhã seguinte, folheando, fascinado, alguns daqueles milhares de livros!

Entre outros, Marx possuía a série completa da *Kabbala Denudata*, de Knorr von Rosenroth, a obra mais importante sobre a Cabala publicada em latim entre 1677 e 1684, com suas duas mil quinhentas páginas, inacessíveis para o meu bolso. Certa ocasião, Marx veio me visitar na Neue Grünstrasse, para dar uma olhada na minha modesta biblioteca cabalística. Minha mãe, detentora de um vocabulário muito expressivo, saiu-se com esta: "Ah é, vocês vão ficar babando um nos livros do outro?" E de fato ele achou o que lhe agradasse: um livrinho cabalístico muito raro, impresso em Salonica em 1546, na encadernação original e com uma maravilhosa capa de couro turco. Eu havia adquirido o exemplar há pouco, durante minha estada em Frankfurt, pagando por ele cem marcos de outrora (uns cinqüenta centavos de dólar). Marx me perguntou o que eu queria em troca desse livro. Respondi que textos cabalísticos eu não trocava. Ele insistiu, até que lhe disse: "Meu Deus, se você quer mesmo, então vou lhe fazer uma proposta que você não vai aceitar de jeito nenhum, me dê em troca a sua *Kabbala Denudata*". Marx estremeceu com a ousadia mas não disse nada. Quando apareci novamente pela sua casa, ele me disse de repente, com a voz de quem estava enfezado: "Leve de uma vez esse negócio. Tendo dinheiro sempre dá para conseguir a *Kabbala Denudata*. O seu alfarrábio não há dinheiro que pague". E foi assim que obtive os valiosos volumes e demorou bem uns quinze anos até eu conseguir um outro exemplar do livrinho de Salonica, num leilão em Amsterdam.

Estive inúmeras vezes com meu irmão Werner desde que regressei da Suíça. Logo após o final da guerra, ele se lançou na política, então no USPD\*. A caminho de Berlim, visitei-o em Halle onde ele trabalhava como redator do jornal do partido. Pusemo-nos a discutir se alguém como ele realmente podia se apresentar como representante do proletariado. As indústrias Leuna, naquela cidade, eram um dos bastiões dos social-democratas. Acompanhei-o a uma reunião na qual ele atuou como orador, dei uma olhada, ouvi o que diziam. Meu irmão era talentoso em matéria de demagogia. "Não se iluda", eu lhe disse, "eles aplaudem o

---

\* Sigla do Partido Social Democrata Independente da Alemanha. (N. da T.)

seu discurso e nas próximas eleições vão elegê-lo deputado [essa era a sua ambição], mas no fundo você continuará sendo o que é". "O judeu [não o companheiro!] fala muito bem", ouvi um operário dizer a outro.

Quando voltei a Berlim em 1922, Werner havia sido eleito deputado estadual à Câmara prussiana e portanto morava em Berlim, numa casa de fundos na elegante Klopstockstrasse. Com a cisão do USPD, ele aderira ao KPD* junto à maioria dos deputados, que haviam engolido as então sensacionais "Vinte e Uma Condições" do Comintern. Foi o começo do entreguismo a Moscou, naquela época ainda escondido detrás da sigla. Quem reclamasse era expulso. O representante do Comintern morava na Alemanha (geralmente clandestino, com identidade falsa) e era quem determinava a linha política.

Meu irmão foi um dos principais oradores do Partido Comunista em Berlim. Como não conseguisse superar minha aversão, não fui vê-lo nem uma única vez; nossas discussões eram sempre calorosas, embora continuássemos amigos. Werner me contou uma série de coisas sobre os líderes enviados por Moscou e seu comportamento detrás dos bastidores, sobretudo Radek e Guralski, que desempenharam um papel funesto. Como vários outros militantes, meu irmão também defendia as "necessidades revolucionárias" (isto é, o terror que não conhecia obstáculos) que estiveram no centro dos debates desde o congresso em Halle, que levou à cisão. Mas como essa era a solução, e talvez inocentemente, com a melhor das intenções (nunca consegui descobrir a verdade), Werner, bem como o próprio Sinowjew em seu famoso discurso em Halle, simplesmente negava a maior parte dos fatos, embora assumisse a teoria correspondente a tais fatos. Eu não conseguia entender nem digerir nada disso. Werner logo chegou ao Reichstag, o Parlamento, sendo o deputado mais jovem e por conseguinte

* Partido Comunista Alemão. (N. da T.)

passou a fazer parte da lista negra dos nazistas, bem entre os primeiros nomes. Meu irmão logo viu-se envolvido nas violentas lutas internas entre as facções do partido, o que levou à sua expulsão, em abril de 1926. Continuou sendo comunista, mas fora do partido dominado pelo stalinismo. Depois de passar sete anos num campo de concentração, foi assassinado em Buchenwald, em junho de 1940.


Entre 1921 e 1923, tive muito que ver, embora indiretamente, com aquele grupo ao redor de Oskar Goldberg, sobre o qual escrevi algumas páginas no meu livro sobre Walter Benjamin. Conheci alguns de seus adeptos, mesmo que estes não fizessem parte do círculo dos verdadeiros iniciados, entre estes Wolfgang Ollendorf, o irmão caçula da nossa amiga Käthe Becher. Dentre meus amigos do grupo Jovem Judá, Karl Türkischer (que nós chamávamos pelo seu nome hebraico, Kohos) era um jovem talentoso e de múltiplos interesses, filho de um judeu rico e religioso proveniente da Galícia, um dos sustentáculos financeiros da pequena associação que mantinha a sinagoga de Bleichrode. Como não tivéssemos muito contato, não fiquei sabendo que o pessoal de Goldberg o atraíra para o seu grupo. Karl lhes contou dos meus estudos cabalísticos e entre eles a Cabala estava em alta cotação. Não tanto pelos seus aspectos filosóficos e religiosos, que eram a motivação dos meus estudos, mas pelas suas implicações mágicas, das quais Goldberg – o único desse círculo que realmente sabia hebraico – tinha as idéias mais extravagantes. No outono de 1921, pouco depois de Benjamin e eu termos ouvido os detalhes mais estranhos sobre Goldberg, contados pelo marido de Leni Czapski, quando fomos visitá-los em Wechterswinkel, veio me procurar uma tal Srta. Dora Hiller, prima de Kurt Hiller, que queria falar comigo. Até que ela havia feito bem suas lições de casa; tinha lido meus artigos e as traduções publicados em *Der Jude* e teceu os maiores elogios, principalmente quanto a minha tradução do extraordinário ensaio

*Halahá e Agadá*, de autoria de Chajim Nachman Bialik, que creio poder chamar de grande poeta nacional dos judeus. Ela me disse o seguinte: "O que Bialik e também o senhor que o traduziu procuram", é a verdadeira autoridade. E o representante dessa autoridade vive aqui em Berlim. O senhor deveria entrar em contato com ele". Como eu lhe perguntasse quem era essa autoridade, ela me respondeu: "Oskar Goldberg". Incitado pelos louvores e exagerando um pouco eu lhe disse: "Prezada senhorita, eu sei quem é Oskar Goldberg, e eu o consideraria muito mais um representante do diabo na nossa geração". O efeito das minhas palavras foi retumbante. A Srta. Hiller, que então tinha uma aparência imponente, levantou-se, declarou que retirava tudo o que havia me dito e dava a nossa conversação por encerrada. Foi-se embora como um rojão e só mais tarde fiquei sabendo que ela se casara com Goldberg. Em março de 1922, encontrei Türkischer mais uma vez na casa de uma amiga que havia datilografado tanto a tese dele como a minha e conversamos sobre Goldberg. Ele tinha ouvido dizer que a minha opinião sobre Goldberg era bastante negativa e queria saber por que eu era contra ele. Eu o preveni quanto a relacionar-se com um homem imbuído de fantasias mágicas de domínio, que não podendo concretizá-las, procurava compensação escravizando e sugando almas. Pelo que me lembro, foi o mesmo que pregar a um surdo. Em contraposição, Gustav Steinschneider, que não estava muito envolvido na seita e pessoalmente não tinha contato algum com Goldberg, achava suas palestras filosóficas e discussões, a que assistia na companhia de Walter Benjamin, interessantes, divertidas e no fundo vazias.

Enquanto eu ainda morava em Munique, começaram a ser publicados pequenos textos desse grupo, cujos autores demonstravam muita inteligência, sobretudo Erich Unger, Ernst Fraenkel e Joachim Caspary. Unger publicou em 1922 uma diatribe metafísica contra o sionismo sob o belo título: *Die staatslose Gründung eines jüdischen Volks* (*A Fundação de um Povo Judeu sem Estado*), um texto muito significativo. Ele censurava a falta de "metafísica" no vil sionismo empírico, mas não se referia no fundo à metafísica e sim à força mágica, o que não era nenhuma metáfora e visava corroborar a teoria de Goldberg das "unidades biológicas" de cunho metafísico. Em vez de aprender direito a fazer mágicas, os sionistas desperdiçavam suas forças na construção de aldeias e povoados e bobagens afins, que não serviam para promover o que deveria ser revitalizado: a "capacidade mágica" dos judeus. Tudo isto não se descortinava com tanta clareza nas páginas desta dissertação escrita com tanta elegância, mas era o ponto fundamental que não poderia passar despercebido ao leitor inteligente deste texto considerável, ponto que encontrava sua mais drástica expressão nos escritos de Goldberg com todas as suas grosserias e salvas de injúrias.

Para mim era estranho que Buber não soubesse nada da atividade desse mágico/metafísico. Quando eu falei sobre o assunto, durante uma visita de Buber a Munique, ele disse: "Isso me faz lembrar um episódio envolvendo Unger e Goldberg". Durante a guerra, em 1916 ou 1917, um tal de Sr. Unger procurou Buber em Heppenheim, dizendo precisar tratar de uma questão urgente com ele. Unger lhe expôs a importância de pôr término à guerra, dizendo que havia um único meio de fazê-lo: estabelecer contato com as forças que dirigiam a humanidade e levá-las a intervir em prol da paz. Essas forças poderosas seriam os Mahatmas no longínquo Tibete, os famosos sábios da Loja Branca no Himalaia, inventados por Madame Blavatsky. Segundo Unger, havia *uma* pessoa em condições de estabelecer tal ligação, e era preciso tirá-la da Alemanha para que fosse à Suíça e dali para a Índia. Buber me contou que ficou pasmo, perguntando a Unger o que é que ele tinha a ver com tudo isso, qual seria a sua função. Para surpresa maior ainda de Buber, Unger lhe disse que, tendo excelentes contatos no Ministério do Exterior, Buber poderia conseguir permissão para que o Dr. Goldberg saísse da Alemanha. "Parece que as pessoas acreditavam realmente que eu mantinha alguma ligação com o Ministério do Exterior", disse-me Buber, que se viu obrigado a desiludir o seu interlocutor. Como prova das capacidades paranormais de Goldberg, de quem Buber nunca tinha ouvido falar, Unger apresentou-lhe a publicação *Die fünf Bücher Mosis, ein Zahlengebäude* (*Os Cinco Livros de Moisés, uma Estrutura de Números*), brochura na qual Goldberg, recorrendo a cálculos numéricos místicos, provara que a Torá fora escrita por um intelecto supra-humano, digamos por um Elohim. Muitos anos depois, me inteirei através de Ernst David, que pertencera ao núcleo da seita e chegara a financiar a obra principal de Goldberg *Die Wirklichkeit der Hebräer* (*A Realidade dos Hebreus*), aderindo depois ao sionismo, de que seu mentor de fato foi adepto de Madame Blavatsky por um bom tempo.

Entre 1919 e 1923, durante minhas permanências em Berlim, mantive contato com alguns intelectuais jovens, um pouco mais velhos que eu, que trabalhavam como assistentes numa organização que tinha por objetivo (o que aliás não se cumpriu) fundar uma Academia de Ciências do Judaísmo. Era uma excelente iniciativa, pois não se tratava da formação de rabinos e portanto de se fixar uma diretriz teológica que correspondesse a uma certa linha ou partido dentro do judaísmo, mas sim de estabelecer um instituto de pesquisas no qual pudessem trabalhar livremente, lado a lado, religiosos, não-religiosos e ateus interessados em aprofundar os conhecimentos sobre o judaísmo. Alguns deles eram sionistas, outros não, mas quase todos eram cientistas muito talentosos, cujos nomes e trabalhos repercutem até hoje nas ciências judaicas, nomes como Fritz Jizchak Baer, Hartwig David Baneth, Leo Strauss, Selma Stern e Chanoch Albeck. Logo fiz amizade sobretudo com Baer, um excelente historiador, senão o mais perspicaz de minha geração, e Baneth, um grande estudioso do árabe. No verão de 1922, Baneth me contou que o Professor Philip Bloch, ex-rabino em Posen e um dos últimos discípulos famosos de Heinrich Grätz mudara-se para Berlim, tendo doado à academia de pesquisas sua considerável biblioteca, que Baneth estava catalogando. Ele me propôs fazer uma visita a Bloch, que gozava de muita vitalidade aos oitenta e dois anos e estava alojado junto à sua biblioteca. Na geração anterior à minha, Bloch era *a* autoridade em matéria de Cabala, só que uma autoridade no sentido da interpretação de Grätz. Ele havia publicado uma análise geral e alguns textos sobre certos aspectos da Cabala. Além disso, era o único erudito judeu na Alemanha que havia conseguido reunir uma rica coleção de manuscritos e impressos cabalísticos. Bloch me recebeu com a maior amabilidade, tratando-me como um colega mais jovem. "Nós somos mesmo dois *Meschuggoim*, ou seja, dois loucos", disse-me ele. Mostrou-me sua coleção cabalística e fiquei admirando os manuscritos. No meu entusiasmo, eu lhe disse, sem segundas intenções: "Que maravilha, professor, e pensar que o senhor estudou tudo isto!" O velho sábio retrucou: "O quê?, eu ler essas bobagens?" Foi um grande momento em minha vida.

Na Alemanha, os sionistas estavam em minoria, embora esta fosse uma minoria das mais eloqüentes. Em 1920, de seiscentos mil judeus, vinte mil participaram das eleições que escolheram os delegados ao congresso da União Sionista Alemã, o que demonstrava a crescente influência do movimento, principalmente levando-se em conta a idade dos eleitores. Eram de extração burguesa, em sua maioria. Eu simpatizava com os grupos radicais que representavam o ideal de sociedade do movimento em prol dos *kibutzim*, que estava se formando. Há uns doze anos, quando eu ainda mantinha contato com o editor socialista Klaus Wagenbach, ele me escreveu uma carta, na qual dizia: "Li alguns dos seus primeiros artigos. Você foi um tremendo radicalóide, ah, ah!" A tendência anarquista de alguns grupos em Israel que tiveram sua importância, como eu já disse, estava bem próxima da minha posição. Em 1921, ao ler numa revista um artigo de um dos principais líderes desses grupos (que posteriormente virou a casaca tornando-se um marxista-stalinista dos mais bitolados) concordei plenamente com a sua definição da sociedade sionista ideal como "livre união de grupos anarquistas". Além do mais, devo dizer que a maioria dos judeus alemães que emigraram para Israel no início da década de 20, não o fizeram por motivos políticos, e sim por uma decisão moral. Decisão voltada contra uma confusão ignominiosa e um esconde-esconde indigno. A opção era por uma renovação que então se delineava nitidamente ante os nossos olhos; quer se baseasse em considerações religiosas ou seculares, essa renovação estava mais ligada à ética social do que à política, por mais estranho que isso possa parecer hoje em dia. Ainda não tínhamos plena consciência da dialética à qual já me referi. É óbvio que não sabíamos do advento de Hitler, mas a partir da sociedade judaica e da missão de renovar radicalmente o judaísmo, sabíamos que a Alemanha constituía um vácuo, no qual morreríamos asfixiados. Foi isso que levou a Israel pessoas como meus amigos e eu, em busca da "velha/nova terra". Porém, antes de dar esse passo, ainda houve alguns episódios. Em Berlim havia um instituto judaico de cursos livres que me convidou a dar umas aulas sobre "História da Mística Judaica", no inverno de 1922-1923. Surpreendentemente inscreveram-se várias pessoas. Foi a minha estréia como professor nessa matéria. Hoje, fico arrepiado só de pensar nessas exposições, na minha falta de experiência. Entre os meus ouvintes havia pessoas fora do comum, como por exemplo um dos mais famosos construtores de violinos de Berlim e o futuro superior de um mosteiro budista e centro de difusão no Ceilão\*, que trinta e cinco anos depois me enviou durante um bom tempo um grande número de textos e análises budistas em inglês.

Já a minha última atividade no campo das publicações não tinha nada a ver com o objeto dos meus estudos. A União Judaica de Excursionistas Azul e Branca, que eu

---

\* Atual Sri Lanka. (N. da T.)

questionara há uns cinco ou seis anos, conforme relatei, assumira uma posição que hoje em dia não se pode caracterizar de outra forma senão de neofascista, sob a forte influência do movimento juvenil alemão que se encaminhava na mesma direção. Nas imediações de uma aldeia bávara, a Azul e Branca promulgou um estatuto, chamado aliás de "lei", "sob os estrondos das canções campestres de vassalos", se me permitem citar minhas próprias palavras na época. Meses a fio não saiu nenhum comentário sobre este episódio e outros acontecimentos a ele relacionados no órgão do sionismo alemão, o *Jüdische Rundschau*. Robert Weltsch, com quem fiz uma boa amizade depois, já assumira o cargo de redator-chefe. Redigi um texto fulminante, denunciando essa virada, texto assinado por quinze integrantes do movimento halutziano e que foi entregue ao jornal. Weltsch recusou-se categoricamente a publicá-lo, talvez porque o abaixo-assinado também revelava a covardia do seu jornal, ao tratar de ignorar esses acontecimentos. Levamos o caso ao presidente da União Sionista. Meu amigo Heller e eu expusemos nossa exigência a Felix Rosenblüth, homem sereno e ponderado, e posteriormente o primeiro ministro da Justiça do Estado de Israel, enquanto Weltsch lhe colocou porque não queria atendê-la. Rosenblüth ficou calado por uns minutos e decidiu que a nossa declaração fosse publicada, porém numa nova coluna, "Ponto de Vista de exclusiva responsabilidade dos autores", o que isentava a redação. A publicação teve uma certa repercussão, desencadeando uma polêmica. Recebi alguns comentários nada lisonjeiros, pois não foi difícil identificar a autoria pelo estilo exaltado que caracterizava meus textos de outrora e até mesmo polêmicas travadas em hebraico, anos mais tarde.

Essa discussão toda marcou o início de minha amizade com Ernst Simon. Nós nos conhecemos no final de 1922 e a simpatia recíproca foi imediata. Simon vinha de uma família na qual o judaísmo deixara bem menos vestígios que na minha. Ele percorrera um caminho semelhante ao meu, embora condicionado por fatores muito diversos, ou seja, por suas experiências no exército alemão durante a guerra, tornando-se o discípulo predileto do notável rabino de Frankfurt, o Dr. Nobel. Simon não apenas tinha uma excelente aparência como sempre tinha uma resposta na ponta da língua, era chistoso e um brilhante orador, além de ter feito o doutorado com Oncken, apresentando uma tese igualmente brilhante, depois publicada em livro, sobre *Ranke e Hegel*. Simon no fundo não era ortodoxo, mas decidira seguir as prescrições judaicas. Ele me contou sobre o grupo que se reunia na Casa Judaica de Ensino Livre, fundada por Rosenzweig e do avanço da funesta enfermidade que o acometera. Como eu pretendesse dar uma olhada nos manuscritos cabalísticos da Biblioteca Municipal de Frankfurt, as conversas com Simon me animaram a passar alguns meses naquela cidade, antes de ir a Israel, e também a me oferecer não para pronunciar palestras, mas para ler com ele e outros alguns textos na Casa de Ensino. O ambiente em Frankfurt era cheio de vida e ali encontrei várias pessoas interessadas nas questões judaicas com quem se podia trocar idéias. Foram meses muito proveitosos na minha vida.

Rudolf Hallo, discípulo de Rosenzweig e meu ex-colega em Munique, assumira a direção da Casa de Ensino (sobre a qual muita coisa foi escrita), quando a doença de Rosenzweig se agravara. A verdadeira estrela desse estabelecimento não era Martin Buber, o que seria natural, por maior que fosse a freqüência aos seus cursos, no início sempre repletos; era a grande descoberta de Rosenzweig, o químico Eduard Strauss, que não tinha concorrente nos meios judaicos, quando muito nos movimentos cristãos de ressurreição. Suas aulas sobre a Bíblia, lotadas, eram o discurso de um inspirado, de um espírito que se dirigia à audiência. Se me permitem usar uma expressão de seitas cristãs, eram exegeses pneumáticas e até hoje não sei se alguém anotou essas aulas, pois Strauss falava livremente. Os ouvintes pareciam encantados como por um passe de mágica. Quem não se deixava envolver pelo fascínio, afastava-se, como foi o meu caso. Strauss, que não tinha pré-conhecimentos judaicos, sem qualquer ligação com a tradição judaica, era o próprio pietista judeu. Ele encarava o judaísmo como uma igreja espiritual e foi justamente esse aspecto que me parecera inaceitável num texto seu contra o sionismo, escrito anos antes e bastante divulgado; ao ouvir do próprio Strauss essas colocações, acabei por me afastar de vez desse judaísmo de conventículo. Os meus cursos eram mais ou menos o contrário das suas intervenções. Com um pequeno grupo de pessoas, que já tinham alguns conhecimentos de hebraico, líamos os textos originais, interpretando-os com precisão. Tratava-se de fontes místicas, apocalípticas e narrativas, portanto as fontes mais adequadas a provocar exegeses pneumáticas. Das oito às nove da manhã, líamos diariamente as explicações do *Zohar* sobre o Livro de Ruth, antes que abrisse o consultório médico onde nos reuníamos. Entre os meus alunos tive pessoas muito interessantes como Erich Fromm, Ernst Simon e Nachum Glatzer. Com outras pessoas líamos o livro bíblico de Daniel, o primeiro apocalipse da literatura judaica, e alguns contos de Agnon. Isso causou uma grande alegria tanto aos meus alunos como a Agnon, que não se acostumara ainda ao fato de sua obra ser lida em cursos e escolas.

Passei várias horas na Biblioteca Municipal de Frankfurt, na Bela Vista, que abrigava a coleção mais significativa de textos hebraicos da Alemanha, um tesouro único que se queimou junto com a maior parte dos livros da biblioteca, durante a Segunda Guerra. O diretor desse departamento, Professor Aron Freimann, que administrava essa coleção, inaugurada e reunida em grande parte por ele mesmo, era uma figura que parecia sair diretamente de um romance de Anatole France. Ele dava a impressão de ser aquele irmão de um colega que Anatole France descreveu logo no início de *La Révolte des Anges*. Quem conquistava a sua simpatia, e eu tive a sorte de estar entre os felizardos, tinha acesso aos livros mais raros e curiosos. Quem não pertencesse a esse círculo de escolhidos, ficava a ver navios. Acontece que o catálogo de seção de livros hebraicos não ficava na sala comum, de livre acesso a todos os freqüentadores e sim no seu escritório. Todos os pedidos passavam pelas suas mãos, e não se tratando de banalidades, era ele quem decidia se o livro estava na biblioteca e podia ser consultado. Isso provocou algumas cenas nada agradáveis. Mas para apreciadores de livros como Agnon e eu, seu coração estava sempre aberto. Nem assim ele me deixou consultar centenas de manuscritos ainda não catalogados que foi acrescentando ao núcleo da coleção ao longo de vinte e cinco anos; de vez em quando, trazia alguma peça desse tesouro desconhecido, mantido em segredo debaixo de sete chaves e me dizia: "Isto aqui deve lhe interessar". O Professor Aron Freimann tinha um grande repertório de anedotas sobre a história das ciências judaicas, inclusive sobre os intelectuais de Frankfurt. Foi dele, que pessoalmente seguia os preceitos religiosos à risca, que ouvi a seguinte frase de Raphael Kirchheim, um reformador enérgico que os piedosos temiam tanto quanto o todo-poderoso, porque Kirchheim sabia "aprender" melhor que eles mesmos: "Não há prazer maior que passar a tarde de Schabbes (*Schabat*) debruçado sobre uma página do Gemore [Talmud], com um bom charuto".

Além da Casa de Ensino Judaica, uma outra instituição notável dava o que falar entre os jovens acadêmicos. Era o "Torapêutico", como os galhofeiros denominavam o sanatório de Heidelberg dirigido pela psicanalista ortodoxa Frida Reichmann, uma prima de Moses Marx e Esther Agnon, onde se aplicava a terapia freudiana e se lia a Torá. Alguns dos meus melhores alunos e conhecidos da juventude sionista, como Simon, Fromm e Leo Löwenthal, costumavam visitar o sanatório. Com o tempo, exceto um deles, todos se afastaram do judaísmo ortodoxo. Alguns anos depois, quando me encontrei em Berlim com Erich Fromm, o meu ex-aluno em *Zohar* e o mais famoso "paciente" das análises de Frida Reichmann havia se tornado um trotskista entusiasta, lamentando o meu provincialismo pequeno-burguês.

Nessa época, Agnon morava em Homburg von der Höhe, um lugar cujo atrativo não era apenas a beleza paisagística como também os velhos textos em hebraico ali impressos há duzentos ou duzentos e cinqüenta anos, como costumava dizer Agnon. Homburg ainda era de fato um dos grandes centros de literatura hebraica. A inflação tornara a vida muito barata para quem recebia em moedas fortes, o que atraiu muitos escritores, poetas e filósofos importantes de Israel a Homburg, como por exemplo Chajim Nachman Bialik, indiscutivelmente o grande nome da poesia hebraica de então e um verdadeiro gênio da conversação, Ahad Haam e Nathan Birnbaum, além de um grupo de excelentes intelectuais do judaísmo russo. O círculo ali reunido era brilhante e dificilmente se encontraria algo semelhante fora da Rússia, nem mesmo depois em Israel. Agnon ia várias vezes a Frankfurt, onde estavam os grandes sebos hebraicos, e com a mesma freqüência eu ia a Homburg com a linha de bonde 25 que ainda hoje faz esse trajeto – agora como linha A2. Por intermédio de Agnon, conheci esses homens e mulheres, e Bialik me recebeu com muita amabilidade, já que eu era o único *Jecke* do grupo (como eram chamados os judeus alemães na Europa Oriental). Um judeu alemão que falava hebraico e lia literatura cabalística era uma novidade para ele que me honrou com seu interesse e sua amizade até sua morte. Sexta à noite eu sempre era bem-vindo em sua casa em Tel Aviv, quando vinha para passar o fim de semana na cidade. Agnon me convidou várias vezes a acompanhá-lo nos passeios com Bialik. As conversações entre os dois eram memoráveis e valia a pena ouvi-las. Agnon, que sempre pronunciava meu nome com sotaque da Galícia, costumava dizer: "Schulem, não se esqueça de anotar na sua caderneta o que você ouviu". Quanto a isso eu estava atento para ouvir, mas por falta de caderneta à mão não registrei nada.

O círculo de Homburg não resistiu à estabilização do marco. Dois ou três anos depois, reencontrei todos, com uma exceção, em Israel. Ao me despedir de Ernst Simon, que também foi a Israel cinco anos depois, tivemos uma conversa sobre o nosso futuro. Ernst Simon citou várias vezes uma frase minha daquela época, que lhe ficou gravada na memória, como bem característica. No meu dialeto berlinense, eu disse simplesmente: "Você vai pregar obediência aos mandamentos e eu vou ensinar vocábulos. Vejamos quem vai ganhar a parada". Com um dos mais jovens integrantes do círculo de Frankfurt, um rapaz muito culto, eu combinara que faríamos juntos a viagem de Trieste a Israel, depois que eu resolvesse alguns assuntos em Berlim. Tratava-se de Fritz Goitein (Schlomo Dov), descendente de uma famosa família tcheco-húngara de rabinos, que me hospedara durante minhas visitas a Frankfurt e com quem eu me entendia muito bem. Sua formação judaica era excelente – seu pai fora rabino numa cidadezinha da Baixa Francônia – e além disso Goitein fizera a tese de doutorado com a Josef Horovitz, grande especialista em árabe. Tinha uma rara mistura de aptidões para a música, a poesia e os estudos científicos, e era um professor por excelência. Isso logo reconheceu o diretor da escola secundária de Haifa, um dos mais renomados institutos de educação em Israel, ao vir para a Alemanha no verão de 1922 com o intuito de contratar alguns professores para a sua escola. Fritz Goitein tinha emprego garantido em Haifa a partir do outono de 1923, após terminar sua tese. Ele também me procurou em Berlim, como provável candidato a professor de matemática, mas – como se diz hoje em dia – não estávamos na mesma onda.

Conseguir um visto para ir à Palestina como emigrante não era nada fácil naqueles tempos. O governo inglês, que operava com muita cautela, fixava uma cota anual de "certificados" para a organização sionista. Munidos desses documentos, os emigrantes recebiam o visto do cônsul inglês. Com raras exceções, esses certificados eram distribuídos somente entre os *Halutzim* que fossem trabalhar nas colônias agrícolas, o que era compreensível. Tratando de evitar uma redução dessa cota de emigrantes, muitos apresentavam comprovantes de contratação fictícios (ou então verdadeiros, como no caso de Goitein), com o que se conseguia um visto como especialista, concedido à parte da cota. (Havia também vistos para capitalistas, para gente com bastante dinheiro e possibilidades de investi-lo, uma categoria que não vinha ao caso para pessoas como nós.) O diretor da Biblioteca Nacional Judaica de Jerusalém, que deveria servir também de biblioteca universitária para a universidade que se pretendia construir, o Dr. Hugo Bergmann me conseguiu um contrato fictício como diretor do departamento de hebraico. Quem arranjou isso foi Escha, que foi a Israel seis meses antes da minha partida, como noiva igualmente fictícia de Abba Chuschi, o futuro prefeito de Haifa. Nós havíamos decidido casar-nos em Israel.

Hugo Bergmann nos conheceu – a Escha e a mim – em março de 1919 em Berna e de alguma forma eu lhe causei uma boa impressão. Ele por sua vez me impressionou não apenas por ser o único *Jecke* conhecido a publicar ensaios em hebraico, mas pela sua personalidade. Seus artigos em *Der Jude* e seus textos na linha de Buber não me agradaram muito. Porém, fiquei surpreso ao encontrar nele uma pessoa sem a menor afetação, aberta a tudo o que se destinasse a edificar o espírito e a sociedade, e com uma concepção de sionismo bastante próxima da minha. No início de 1923 escrevi-lhe sobre a minha intenção de viver em Israel. Ele respondeu me encorajando, e Escha encarregou-se do resto.

Em Berlim, comuniquei a meu pai minha viagem marcada para o início de setembro, pondo um ponto final nas ilusões de um dia ocupar uma cátedra na Alemanha. Ele só me disse o seguinte: "Meu filho, espero que você saiba que não pode contar com nenhum apoio financeiro de minha parte numa empresa dessas". Repliquei dizendo que isso era óbvio para mim. E não se tocou mais nesse assunto, mas ele enviou alguns funcionários da gráfica para me ajudar a empacotar a minha biblioteca que já incluía uns dois mil livros, que de Hamburgo seriam despachados num cargueiro a vapor. Por razões que não consigo entender, tive que apresentar à alfândega um catálogo completo, escrito à máquina, do qual ainda possuo uma cópia.

Pouco antes da minha partida, na segunda quinzena de agosto, Salman Rubaschow, que estivera alternadamente na Palestina e na Europa entre 1919 e 1923, veio novamente a Berlim e lhe contei sobre a iminente emigração. Nessa ocasião, conheci Berl Kaznelson, um homem de extraordinário formato que exerceu grande influência no movimento operário sionista em Israel, desempenhando um papel decisivo, sobretudo do ponto de vista moral. Foi o início de uma bela amizade que se prolongou até a sua morte em 1943, poucas horas após um jantar em nosso apartamento, uma noite memorável.

## JERUSALÉM (1923-1925)

Em meados de setembro, encontrei-me com Goitein em Trieste. Naquela época, não havia uma linha de barco diretamente para a Palestina. Os barcos da companhia Lloyd Triestino só chegavam até Alexandria e assim viajamos nós, com um belíssimo tempo, de segunda classe, como todos os outros que iam para Israel. Em Alexandria, quem não quisesse seguir viagem pela estrada de ferro, construída pelos ingleses durante a guerra, passando por El-Arisch e Gaza, tomava um pequeno barco a vapor que percorria toda a costa, parando nos portos do Levante, inclusive em Jaffa, onde Escha estava me esperando. Pude então me convencer da veracidade da frase com que Arthur Holitscher iniciara a sua *Reise durch das jüdische Palästina* (*Viagem pela Palestina Judaica*), em 1921, muito citada por todos nós, em meio a muitas risadas: "Os rochedos de Jaffa não são uma metáfora"\*. (Pronunciada com sotaque berlinense, esta frase de duplo sentido adquire uma graça toda especial.)

Ao chegar a Jerusalém, a 30 de setembro, morei primeiramente na casa de Bergmann e logo tive que tomar uma decisão das mais importantes. É que em pouco tempo me ofereceram dois empregos. Um dos diretores da executiva sionista de Jerusalém, encarregado do sistema escolar hebraico, fora informado da minha chegada através de Bergmann, o que não era de se admirar na época, em Jerusalém, onde tudo era pequeno, e me chamou para conversar. Ele estava sem professor de matemática para o curso de formação de professores, com a saída do Dr. Chermoni. Albert Einstein havia conhecido o Dr. Chermoni em sua visita a Israel e lhe conseguiu uma bolsa de estudos para que aprofundasse seus conhecimentos da teoria das matrizes e continuasse trabalhando nessa área em Viena – a importância decisiva dessa teoria para a representação matemática da teoria da relatividade vinha de ser reconhecida, e seu criador estava em Viena. Portanto ele precisava de um substituto com urgência. O Dr. Lurje me perguntou se eu realmente havia estudado matemática, se tinha diploma ou certificado e se estaria em condições de ensinar em hebraico. A todas essas questões eu pude responder afirmativamente, com a consciência tranqüila. Ele me disse mais ou menos o seguinte: o emprego é seu se o senhor puder começar dentro de uma semana. Seu salário será de quinze libras, que naturalmente não serão pagas, pois como o senhor sabe a executiva sionista não tem dinheiro. Em compensação, eu receberia, como os demais professores e funcionários públicos, um cartão de crédito de uma cooperativa de consumo, onde poderia comprar os alimentos necessários. Naquela época, os salários eram pagos com sete meses de atraso e ninguém cogitaria de entrar em greve por causa

---

\* Além de rochedo, o termo *Klippe*, em alemão, significa, em sentido figurado, obstáculo, dificuldade. (N. da T.)

disso. Todos sabiam que os sionistas não tinham dinheiro, e quando conseguiam algum, empregavam na colonização. Prometi pensar no assunto.

Ao mesmo tempo, Hugo Bergmann, que me dera o comprovante da contratação fictícia, me ofereceu uma colocação real como bibliotecário do departamento hebraico da Biblioteca Nacional. Ele me disse: "Você é exatamente a pessoa que precisamos. Você sabe tudo sobre livros hebraicos, é disciplinado e tem bons conhecimentos de questões judaicas. Posso lhe oferecer dez libras por mês, que naturalmente não há como pagar", etcétera e tal, *vide* acima. Quanto a essa oferta, é preciso acrescentar que Bergmann, colega de escola e velho amigo de Franz Kafka, cujo retrato estava sobre o piano em sua casa, ao mesmo tempo era um grande admirador de Rudolf Steiner (o que não era o meu caso) e gostou sobretudo da seriedade com que eu me dedicava à Cabala. Por ele, podia começar imediatamente. O expediente era das sete e meia às duas da tarde, o que me deixaria tempo para os meus estudos de literatura cabalística. Bergmann me disse: "Eu escrevo uma carta à executiva sionista pedindo para colocá-lo na folha de pagamento. Como a executiva nunca responde a cartas, estará tudo arranjado".

Fiquei pensando nas duas propostas, no que seria melhor para mim – professor de matemática ou bibliotecário para literatura hebraica? Nós queríamos nos casar, e Escha ganhava seis libras, o que dava para viver então. Como professor, teria cadernos para corrigir à tarde, e quem sabe se os alunos não caçoariam do meu hebraico com sotaque berlinense? Em Jerusalém, o sotaque predominante no hebraico era o russo. Na biblioteca, lidaria o dia inteiro com livros que me interessavam e teria a tarde e a noite livres para estudar os meus textos. E assim escolhi o trabalho de menor remuneração e esse foi o fim da matemática para mim, embora ainda conservasse as obras dessa disciplina por alguns anos. Hugo Bergmann escreveu a dita carta à executiva, mas – oh, milagre e surpresa! – dentro de três dias chegou a resposta: "Favor despedir imediatamente o Dr. Scholem. Então o senhor não sabe que a executiva sionista não tem dinheiro para pagar mais um bibliotecário?" Bergmann me mostrou a resposta. E agora? – perguntei. Pois então nós escrevemos mais uma carta. E enquanto isso? Ah, entretanto nós pagamos o seu salário da caixa de donativos. Essa caixa consistia em quantias em moedas fortes deixadas por turistas da Inglaterra, América, África do Sul e de outros países, depois de Bergmann lhes explicar a situação da biblioteca, a futura biblioteca universitária, que não tinha verba alguma para a aquisição de livros. Desse modo, fui um dos poucos a receber logo o salário.

Na executiva sionista ocorriam outros milagres e maravilhas, só que não em Jerusalém e sim na central, em Londres. Uns cinco meses depois, chegou uma carta do Dr. Leo Kohn, o secretário do Dr. Weizmann para assuntos universitários na qual ele comunicava a Bergmann a alegre notícia de que a executiva decidira comprar em Budapeste, para o futuro instituto de árabe da universidade, a famosa biblioteca do Professor Ignaz Goldziher, um islamista de fama internacional. As mulheres sionistas da África do Sul ficaram com o cargo de juntar o dinheiro necessário para a aquisição. Portanto, seria preciso contratar mais um bibliotecário especializado em árabe, e a executiva gostaria que Bergmann sugerisse algum nome. Bergmann mostrou-me a carta. "Ótimo", disse-lhe eu, "é o trabalho ideal para o meu amigo Baneth, que preenche todos os requisitos". Ele domina hebraico e árabe, é extremamente preciso e meticuloso em tudo, aprendeu técnicas de biblioteconomia ao catalogar a biblioteca de Bloch e não vê a hora de ter uma chance de vir para cá. Foi-lhe oferecida uma colocação em Cincinnati, mas o trabalho em Jerusalém deixará Baneth mais feliz que se ganhasse na loteria". Bergmann escreveu portanto uma carta a Londres, dizendo que tinha um candidato, o Dr. Baneth de Berlim. "Formidável", respondeu Leo Kohn em nova carta, "conheço Baneth e não sei como não havíamos pensado logo nele. Na sua opinião, quanto devemos lhe oferecer de salário? Vinte e cinco libras estariam bem?" Bergmann ficou eufórico. "Agora nós pegamos a executiva no pulo! Em Jerusalém eles não têm dez libras para pagar você e os de Londres nos perguntam se bastariam vinte e cinco libras para Baneth! Agora eles vão ouvir umas verdades; vou responder dizendo que você e Baneth devem ser equiparados, de modo que cada um receba por mês um salário de quinze libras". Assim regularizou-se a minha situação.


Ainda tenho algo a dizer sobre o sotaque ao falar o hebraico. Minha memória era extraordinária, mas de tipo puramente visual. Portanto, quase não cometia erros de ortografia nas línguas que aprendia; sempre vi as palavras escritas. Em contraposição, tinha uma péssima memória auditiva. Além disso, não via por que trocar o meu sotaque berlinense pelo russo, já que em matéria de hebraico nenhum dos dois era certo. Caso alguém se dirigisse a mim, um judeu oriental por exemplo, com sotaque semita e influência do árabe, eu faria um grande esforço nesse sentido. Na Universidade de Munique, havia um único professor no departamento que sabia pronunciar bem o árabe: Karl Süssheim. Ele deu um curso sobre os textos místicos de Ibn Arabi e, quando lia, nós tratávamos de conseguir uma boa pronúncia, mas não era fácil. De qualquer forma, a minha pronúncia do hebraico não era tão terrível quanto a do diretor da obra de colonização agrícola dos sionistas, o famoso Dr. Arthur Ruppin, cujo "talento" para idiomas era de conhecimento geral. Quando o presidente da Sociedade Pacifista Alemã, o General von Schönaich visitou Israel, lá pelas tantas, viu-se assistindo a uma conferência de Ruppin em hebraico. Após ouvi-lo por breves instantes, o general exclamou, todo entusiasmado: "Mas ele também é de Magdeburg!"

Em 1924 comecei a publicar em hebraico, redigindo, durante os três primeiros anos, uma revista de bibliografia hebraica editada pela biblioteca, que havia sido fundada por seis especialistas. A partir de então, escrevi a maior parte dos meus trabalhos nesse idioma, o que não foi muito fácil nos primeiros anos. Por mais intensamente que tivesse estudado hebraico, era um longo caminho até conseguir fazer associações livremente dentro do pensamento hebraico e do mundo imagético das fontes hebraicas, condição imprescindível para se expressar com precisão e eficácia. Diria que não chegou a dez o número de judeus alemães da minha geração que conseguiram trilhar esse caminho com um certo êxito. Nesse sentido, posso dizer que tive sorte.

O período no qual cheguei, início da década de 20, marcou o auge do movimento sionista. Viera a Israel uma juventude entusiasta, com muita esperança no trabalho que teria pela frente e eram muito intensos os esforços para criar uma sociedade judaica com sua própria vida produtiva. Foram anos importantes e maravilhosos, apesar das sombras que se levantavam, e já se tornavam perceptíveis. Vivia-se num círculo muito pequeno, afinal, não havia muita gente vivendo ali. Quando cheguei, não havia sequer cem mil judeus e não obstante essa juventude, que fizera da causa do sionismo o seu objetivo de vida, era o motor que dava impulso ao processo. Essa juventude – e não esqueçamos que o sionismo era fundamentalmente um movimento juvenil – possuía algo que lhe era inerente e muito natural e que perderam outros movimentos juvenis meio século depois, com conseqüências tão destrutivas, algo que quase se tornou um impropério, um insulto: a consciência da história. Já me referi à dialética subjacente à consciência histórica dos sionistas, que partilhei com toda a minha alma, com todo o meu coração: a dialética de continuidade e revolta. Mas nenhum de nós seria capaz de renegar a história do nosso povo que nós identificamos ou redescobrimos como povo. Independentemente das nossas aspirações, essa consciência estava encravada na nossa carne, no nosso sangue.

Com o retorno à própria história, queríamos – pelo menos a maioria – mudá-la, mas nunca negá-la. Sem esta *religio*, esta "ligação com o passado", este empreendimento não teria perspectivas, estaria fadado ao fracasso desde o início. Contudo, não era este aspecto que abrigava em seu bojo a problemática que irrompeu nos anos subseqüentes, e que já não cabe abordar neste livro: éramos uma seita ou uma vanguarda? Pretendiam os judeus retomar sua história e fazê-la prosseguir, ou não? Que forma assumiria a sua existência no meio histórico ao qual vieram? Como estabelecer uma base segura para a sua vida, sem os árabes, com os árabes, ou contra eles? Quando cheguei a Israel, essas eram as questões que se começava a discutir.

Meus amigos partiram para os novos *kibutzim* para concretizar o modo de vida e de produção socialista. Outros permaneceram nas cidades como professores, funcionários, comerciantes e alguns fazendo especulação com terras, um negócio seguro para quem tinha fôlego e objeto de violentas controvérsias entre partidários da "reforma agrária" e capitalistas. Reinava uma grande comunicação entre os diversos lugares. E também uma hospitalidade sem igual, e passaram-se anos até me acostumar a ir, de vez em quando, a um hotel. Aonde quer que se chegasse, havia sempre onde ficar, um lugar para dormir. Todos se visitavam. Houve um tempo em que todas as casas eram abertas em Jerusalém ou Tel Aviv, no sentido literal. Quando se saía de casa, ela ficava aberta, pois raramente alguém trancava sua porta. Nós nem imaginávamos que pudesse haver algum roubo. E de fato nada era roubado, mas quando se regressava, era comum encontrar alguém na sua cama, o amigo de um amigo que tinha obtido o endereço e queria hospedagem por uma noite.

Escha e eu nos casamos em novembro de 1923 e fomos morar numa vivenda árabe de dois cômodos, cujas paredes, por mais incrível que pareça, tinham um metro e vinte de espessura! Essas paredes consistiam em dois muros de pedras, separados por um espaço de uns oitenta centímetros de largura, preenchido por telhas e tudo quanto é material de construção. Isso produzia um isolamento excelente, mantendo a casa fresca no verão e relativamente quente no inverno. Não havia água encanada, eletricidade, nem telefone, mas em compensação ninguém recebia conta nenhuma por esses serviços. A água vinha de uma grande cisterna. Nos anos de seca, era preciso cem carregamentos de água, transportados por um jumento, que comprávamos de um árabe. A casa estava situada na Rua Abissínia, que não havia mudado nada desde a época dos turcos. Começava em *Meah Sche'arim* e depois de fazer uma curva, onde estava a Igreja da Abissínia, terminava na Rua dos Profetas, uma rua ampla e parcialmente com calçamento de paralelepípedos, onde predominavam os hospitais, as instituições cristãs e os consulados estrangeiros. Só depois dessa "avenida" é que começavam os novos bairros judeus. Porém, a nossa rua de areia, onde sempre moraram sionistas muito conhecidos então ou posteriormente, era uma espécie de centro do sionismo. O administrador das casas era um judeu batizado pelos missionários. Nossa casa ficava logo após o muro, ainda intato, que separava o bairro estritamente ortodoxo, *Meah Sche'arim* ("cem portões") dos distritos dos não-tão-religiosos. Na verdade, originalmente eram só quatro portões correspondendo aos pontos cardeais, pois a muralha fora construída como fortaleza em 1871, em pleno deserto pedregoso, cerca de um quilômetro do antigo centro de Jerusalém. Poder-se-ia dizer que a nossa morada era uma alegoria, fora do muro que circundava esse paraíso ortodoxo. Então, a sede da Biblioteca Nacional ficava poucos minutos de caminhada rua acima; mais adiante rua abaixo, começava a rua principal desse bairro, onde se concentravam os sebos. Graças a Deus os proprietários desconheciam o valor dos tesouros que juntaram, pagando uma ninharia às viúvas de ex-habitantes da cidade. É certo que liam livros religiosos, mas ninguém tinha a mínima idéia de bibliografia hebraica. Se, como disse, o meu posto de trabalho era lá para cima, cá embaixo era a minha zona de recreação.

A Jerusalém que encontrei caíra do céu para mim. É verdade que estava longe das aldeias judaicas e das novas povoações onde meus amigos faziam os preparativos para instalar-se depois no Vale do Jordão, principalmente levando-se em conta os precários meios de transporte, mas possuía outros atrativos, à parte de ser a Terra Santa. Logo após a Primeira Guerra Mundial, a cidade estava impregnada de antigos livros hebraicos, como uma esponja pode estar empapada de água. A Jerusalém sempre vieram ter judeus de todas as partes do mundo, geralmente acompanhados de seus livros, para aqui rezar, aprender e morrer. Durante a guerra, e sobretudo em 1916, a fome grassou, matando muita gente. Restaram seus livros, amontoados em grandes quantidades, principalmente no bairro judeu do antigo centro e aqui em *Meah Sche'arim*. Neste bairro, os muros das casas estavam repletos de proclamações e anátemas amaldiçoando os sionistas, todas as suas escolas e demais obras satânicas. O que quer que os sionistas fizessem, podiam ter a certeza de novas maldições, como por exemplo quando se inaugurou a Universidade Hebraica no Monte Skopus. Nem mesmo o rabino-chefe da Terra Santa, Abraham Jizchak Kook, uma das grandes figuras do movimento de renovação nacional, escapou às imprecações e ameaças dos fanáticos. Este bairro de *Meah Sche'arim* era um verdadeiro paraíso dialético, qualidade esta provavelmente inerente à natureza dos paraísos. Nós erámos os representantes da serpente, que se arrastava sobre os muros desse paraíso.

Compravam-se muitos livros, mas para textos cabalísticos praticamente não havia um mercado. Porém, ainda existiam os últimos cabalistas, reunidos em torno de um venerável centro de tradição mística e prática de oração meditativa, que existia no centro antigo de Jerusalém há duzentos anos. Estes, contudo, só consideravam autêntica uma certa direção da Cabala, digna de se aprofundar no seu estudo. Toda a literatura cabalística que não correspondesse a essa linha, e muito menos as obras da literatura hassidista, uma espécie de Cabala popular, não lhes interessavam. De modo que eu era um dos poucos compradores desses textos, e se tivesse dinheiro suficiente talvez tivesse dominado o mercado, antes que outros colecionadores passassem a me fazer concorrência. Portanto, pude dar rédeas à minha paixão de colecionar literatura cabalística de todos os gêneros e espécies, paixão apenas limitada pelas minhas parcas posses. Que festa foi para mim o dia em que um dos distintos rabinos de *Meah Sche'arim*, avesso a todas as formas de fanatismo, resolveu pôr à venda sua maravilhosa biblioteca a fim de dar um bom dote à sua filha! Ao chegar, trazia da Alemanha uns seiscentos volumes nessa área. Entretanto, reuni mais de sete mil, e na minha juventude cheguei até a fazer a tolice de elaborar um catálogo negativo, ou seja, dos livros que eu não possuía, catálogo que tinha por título um versículo da Bíblia cujo significado original era "Ide em paz", mas que literalmente também podia ser entendido como "Venham a Scholem". (Em hebraico dava-se muito valor a um título de duplo sentido.) Mas acabei pagando um tributo muito alto pela minha teimosia em negociar com os donos de sebos somente em hebraico. É certo que lia ídiche e já contei a estória da minha primeira publicação, o livro *Jiskor*, aquela coletânea em ídiche, mas nunca tive oportunidade de falar essa língua, ou talvez não tivesse tentado. Se tivesse conversado em ídiche com os comerciantes, como o faziam meus melhores concorrentes entre os colecionadores (Agnon entre eles), teria conseguido adquirir os livros por um preço bem mais acessível. De certo modo, paguei pelo meu fanatismo quanto ao hebraico.

Eu trabalhava para uma instituição que se intitulava Biblioteca Nacional e Universitária, mas além de um instituto de bioquímica, que estava em fase de construção graças aos fundos conseguidos pelo Dr. Weizmann, ele também bioquímico, não havia nem sombra da universidade. Em Jerusalém havia um comitê no qual altas personalidades mantinham inúteis conversações sobre a futura universidade, suas faculdades, departamentos e cátedras. Exceto essas pessoas, em todo o país ninguém acreditava que o projeto, aprovado em 1913 e iniciado apenas simbolicamente com a colocação da pedra fundamental no Monte Skopus, em plena guerra (1918), acabasse se concretizando com tamanha rapidez. O que não faltava era gente cética e adversários do projeto. Afinal, havia um forte proletariado judaico de formação acadêmica, e a caracterização do título de doutor com o "nome judeu", que estava muito em moda, não era nenhuma lisonja, pelo contrário. Dever-se-ia aumentar ainda mais o número de acadêmicos judeus desempregados, fundando uma instituição destinada a emitir diplomas? Essa perspectiva deixava muita gente arrepiada. Além disso, como já disse, os sionistas não tinham dinheiro, embora usassem a idéia da criação de uma universidade hebraica em Jerusalém para fazer propaganda nas suas assembléias. E não obstante as coisas tomaram um rumo inesperado e auspicioso.

No outono de 1922, o Dr. Judah Leon Magnes (que desde uma calorosa discussão sobre prós e contras de se criar uma cátedra de ídiche só assinava como Judah Leibush Magnes) estabeleceu-se em Jerusalém com sua família. Magnes era uma das personalidades mais destacadas da vida pública judaica nos Estados Unidos, com uma trajetória cheia de altos e baixos e bastante dramática, embora não passasse dos quarenta e cinco anos. Nesse contexto não poderia estender-me sobre essa pessoa extraordinária que conheci ao longo de vinte e cinco anos. De personalidade complexa e muito charme, ele reunia os traços de um *radical* americano, um sionista *à la* Ahad Haam, um rabino que de adepto da renovação do judaísmo retornara a uma concepção conservadora da vida, além de um grande orador, um verdadeiro tribuno. Durante a Primeira Guerra Mundial, Dr. Magnes se afastara da linha política do Dr. Weizmann, tornando-se um dos principais porta-vozes do pacifismo. Com a entrada da América na Primeira Guerra, continuou defendendo suas idéias com muita coragem e depois aproximara-se de tal forma do campo socialista que era tido como bolchevique nos Estados Unidos. Com apenas trinta anos de idade, tornou-se rabino da mais rica congregação de New York, do *Temple Emmanuel*, na Fifth Avenue, fundado por filhos e netos de imigrantes judeus vindos da Alemanha, desistindo do cargo após alguns anos num discurso, que causou sensação, sobre a falência do movimento judaico de reformas. Porém, as pessoas que constituíam os pilares dessa comunidade e do judaísmo americano da época continuavam vendo em Magnes um homem de caráter e grandeza moral, cuja palavra lhes era importante. Magnes, que a princípio pensara em atuar nos círculos do movimento operário socialista dentro do sionismo, começou a se interessar pela causa da projetada universidade. Ao que tudo indica, foi ele que conseguiu o apoio de Felix Warburg e sua esposa, dois grandes admiradores seus, quando o casal visitou a Palestina judaica em abril do 1924, ou o que dela já existia. Warburg era uma das pessoas mais influentes da comunidade judaica nos Estados Unidos, um grande banqueiro de Hamburgo e New York, que, oriundo de uma família religiosa, tinha um coração aberto às questões judaicas sem chegar a ser um sionista. Ao partir, Warburg deixou com Magnes um envelope, sobre cujo conteúdo não lhe havia informado, contendo um cheque no valor de uma elevada quantia na época, destinada à construção de um instituto judaico na universidade. Isso deu impulso à concretização do almejado projeto, porque, a partir de então, outros bons judeus não quiseram ficar atrás e o sonho começou a adquirir contornos reais. Em fins de 1924 foi inaugurado o instituto e em abril do ano seguinte a Universidade Hebraica, ato acompanhado de grandes festividades, e Magnes foi nomeado seu reitor.

Lorde Balfour, o autor da Declaração Balfour, e os grandes nomes do sionismo, de Weizmann, o rabi Kook até Bialik e Ahad Haam, todos estavam postados solenemente na tribuna do anfiteatro recém-modelado nas rochas do Monte Skopus. Fui um dos milhares de espectadores a seguir a cerimônia com emoção, e ainda hoje tenho na memória a imagem de Lorde Balfour, um homem alto e de magnífica aparência, de pé sob o poente, pronunciando sua *laudatio* ao povo judeu, louvando seus feitos no passado e sua esperança no futuro.

Entrementes, uma comissão integrada por famosos sábios judeus fora especialmente encarregada de procurar os cientistas que pudessem honrar com seu trabalho uma faculdade judaica para a pesquisa de todos os aspectos do judaísmo e sua história. Graças a Deus ninguém pensara por enquanto em eventuais diplomas. Buscavam-se pesquisadores totalmente voltados ao estudo em si e não à formação de professores ou muito menos de rabi. Um instituto de investigação científica pura sem uma tendência determinada, onde estudiosos de todas as correntes pudessem repensar todos os aspectos, num espírito de cooperação, tendo em vista a realização dessas tarefas. Os grandes especialistas em ciências judaicas sinalizaram sua plena aquiescência, sua simpatia pela idéia, mas ninguém quis vir a Jerusalém por mais de um semestre ou de um ano. E assim, jovens da nova geração tiveram uma chance única de participar da construção do novo instituto que não seria um seminário para rabinos e sim um templo de livre pesquisa.

A busca estendeu-se a vários círculos e Magnes chegou a mim. Cabala? Um estranhíssimo objeto de estudo! Mas para esta faculdade, que no fundo é uma academia, muito adequado! Ninguém inventaria de escolher essa matéria como curso universitário, porém, como puro objeto de pesquisa, já que existe consenso quanto à precariedade dos estudos científicos nesse campo, adapta-se perfeitamente ao plano. E isso que o jovem que se dedicou completamente à questão já estava em Jerusalém e não seria preciso pagar-lhe as despesas com a mudança. No entanto, como averiguar se ele tinha qualificações cièntíficas à altura? É certo que eu tinha três defensores na comissão: Chajim Nachman Bialik, Martin Buber e Aron Freimann, que me conheciam. Mas, afinal, Bialik era poeta e o nome de Buber outrora não era precisamente a melhor recomendação para os grandes sábios judeus, embora não pudesse ser ignorado, e Freimann, apesar de excelente bibliógrafo, não era nem filósofo nem historiador das religiões. Magnes escreveu a duas autoridades inquestionáveis, não em matéria de Cabala, já que não havia ninguém, mas em filosofia judaica e ciências do judaísmo. Um deles era Julius Guttmann, o diretor daquele instituto em Berlim, ao qual me referi, e que me recomendou expressamente com base na minha formação filosófica e meus trabalhos já realizados. O outro era Immanuel Löw, de Szegedin, outrora um dos *grand old men* das ciências do judaísmo. Löw era um intelectual de formação enciclopédica, mas sobretudo um especialista em botânica na literatura rabínica e um grande entusiasta de todos os estudos relacionados com as ciências naturais e com os judeus. Hoje ainda é muito conhecido como autor de uma obra em cinco volumes, *A Flora dos Judeus*, e acho que fui a única pessoa a rir desse curioso título. Löw escreveu dizendo que deviam me nomear imediatamente. Disse ter lido o meu livro e nele encontrado duas páginas excelentes sobre a bissexualidade das palmeiras na literatura cabalística. O homem que escrevera essa página era digno de toda a confiança.

"Assim chegou Heleninha à terra."*

---

* Scholem encerra o livro com uma referência ao poeta Wilhelm Busch, autor muito popular e de veia satírica. A citação é de *Piedosa Helena*, um de seus poucos textos humorísticos para adultos. O "primeiro capítulo" dessa estória termina com estes versos:

Venha, Leninha / Disse o tutor / Venha à terra, queridinha / das ovelhas ternas / e carneirinhos piedosos / Lá estão a tia, o tio / Lá há virtude e razão / Lá estão seus parentes / E assim chegou Heleninha à terra". (N. da T.)

# HISTÓRIA NA PERSPECTIVA

NOVA HISTÓRIA E NOVO MUNDO – Frédéric Mauro (D013)
HISTÓRIA E IDEOLOGIA – Francisco Iglésias (D028)
A RELIGIÃO E O SURGIMENTO DO CAPITALISMO – R. H. Tawney (D038)
1822: DIMENSÕES – Carlos Gulherme Mota e outros (D067)
ECONOMIA COLONIAL – J. R. Amaral Lapa (D080)
DO BRASIL À AMÉRICA – Frédéric Mauro (D108)
HISTÓRIA, CORPO DO TEMPO – José Honório Rodrigues (D121)
MAGISTRADOS E FEITICEIROS NA FRANÇA DO SÉCULO XVII – R. Mandrou (D126)
ESCRITOS SOBRE A HISTÓRIA – Fernand Braudel (D131)
ESCRAVIDÃO, REFORMA E IMPERIALISMO – R. Graham (D146)
TESTANDO O LEVIATHAN – Antonia Fernanda P. de Almeida Wright (D157)
NZINGA – Roy Glasgow (D178)
A INDUSTRIALIZAÇÃO DO ALGODÃO EM SÃO PAULO – Maria Regina de M. Ciparrone Mello (D180)
HIERARQUIA E RIQUEZA NA SOCIEDADE BURGUESA – A. Daumard (D182)
O SOCIALISMO RELIGIOSO DOS ESSÊNIOS – W. J. Tyloch (D194)
VIDA E HISTÓRIA – José Honório Rodrigues (D197)
WALTER BENJAMIN: A HISTÓRIA DE UMA AMIZADE – Gershom Scholem (D220)
COLÔMBIA ESPELHO AMÉRICA – Edvaldo Pereira Lima (D222)

NORDESTE 1817 – Carlos Guilherme Mota (E008)
CRISTÃOS-NOVOS NA BAHIA – Anita Novinsky (E009)
VIDA E VALORES DO POVO JUDEU – Cecil Roth e outros (E013)
HISTÓRIA E HISTORIOGRAFIA DO POVO JUDEU – Salo W. Baron (E023)
O MITO ARIANO – Léon Poliakov (E034)
O REGIONALISMO GAÚCHO – Joseph L. Love (E037)
BUROCRACIA E SOCIEDADE NO BRASIL COLONIAL – Stuart B. Schwartz (E050)
DAS ARCADAS AO BACHARELISMO – Alberto Venancio Filho (E057)
HISTÓRIA DA LOUCURA – Michel Foucault (E061)
DE CRISTO AOS JUDEUS DA CORTE – Léon Poliakov (E063)
DE MAOMÉ AOS MARRANOS – Léon Poliakov (E064)
DE VOLTAIRE A WAGNER – Léon Poliakov (E065)
A EUROPA SUICIDA – Léon Poliakov (E066)
JESUS E ISRAEL – Jules Isaac (E087)
MISTIFICAÇÕES LITERÁRIAS: "OS PROTOCOLOS DOS SÁBIOS DE SIÃO" – Anatol Rosenfeld (EL03)
PEQUENO EXÉRCITO PAULISTA – Dalmo de Abreu Dallari (EL11)
GALUT – Itzhack Baer (EL15)
DIÁRIO DO GUETO – Janusz Korczak (EL44)
O XADREZ NA IDADE MÉDIA – Luiz Jean Lauand (EL47)
O MERCANTILISMO – Pierre Deyon (K001)
FLORENÇA NA ÉPOCA DOS MÉDICI – Alberto Tenenti (K002)
O ANTI-SEMITISMO ALEMÃO – Pierre Sorlin (K003)
MECANISMOS DA CONQUISTA COLONIAL – Ruggiero Romano (K004)
A REVOLUÇÃO RUSSA DE 1917 – Marc Ferro (K005)
A PARTILHA DA ÁFRICA NEGRA – Henri Brunschwig (K006)
AS ORIGENS DO FASCISMO – Robert Paris (K007)
A REVOLUÇÃO FRANCESA – Alice Gérard (K008)
HERESIAS MEDIEVAIS – Nachman Falbel (K009)
ARMAMENTOS NUCLEARES E GUERRA FRIA – Claude Delmas (K010)
A DESCOBERTA DA AMÉRICA – Marianne Mahn-Lot (K011)
AS REVOLUÇÕES DO MÉXICO – Américo Nunes (K012)
O COMÉRCIO ULTRAMARINO ESPANHOL NO PRATA – E. S. Veiga Garcia (K013)
ROSA LUXEMBURGO E A ESPONTANEIDADE REVOLUCIONÁRIA – Daniel Guérin (K014)
TEATRO E SOCIEDADE: SHAKESPEARE – Guy Boquet (K015)
O TROTSKISMO – Jean-Jacques Marie (K016)
A REVOLUÇÃO ESPANHOLA 1931-1939 – Pierre Broué (K017)

IMPRESSÃO E ACABAMENTO
**BANDEIRANTE**
S.A. GRÁFICA E EDITORA
FONE: (011) 452-3444